慢慢来。

SLOW IS FAST

不是所有的爱都会在一起

宋逸轩 著

江西美术出版社
全国百佳出版单位

目录

contents

上辑

生活

随笔

娱乐

旅行

教学

下辑

诗歌

上辑

生活

心里有一座童话城堡的人

会不会有一个人肯花大把的时间，把你的朋友圈、公众号、微博的全部内容从头看到尾一一看下来？如果有，多不易啊。现如今，除了破案的警察同志，谁还愿意花这么多时间去这样深入了解另一个人呢？如果有，一定要倍加珍惜。人们大多不愿意在于己无关的人身上耗费过多时间，所谓一见钟情，不过是多巴胺肾上腺素荷尔蒙的复合作用，能一生一世的相濡以沫，其实都是后来被道德伦理冠以的责任感和相携多年因陪伴而产生的无法割舍的习惯性。

对于这一切，时间是最有话语权的智者，不开口，看着你沉沦。

狡黠如它，你却奈何？

故弥尔顿写道：

时间啊
你这窃取青春的狡猾之徒
挥一挥双翼
便盗走了我的二十又三年
我的逝水般年华已然流走
可那暮春还不曾结蕾绽放
（How soon hath Time, the subtle thief of youth,
Stolen on his wing my three-and-twentieth year.
My hasting days fly on with full career,
But my late spring no bud or blossom shew'th.）

时光如流沙一般，从指尖悄然滑落，对于世人的奋力追逐视而不见。我忍不住幻想：如果每个人都有一个自己的星球就好了，时间是属于自己的，在一个人的时空，说自己想说的话，看自己想看的人，做自己想做的事，走自己想走的路，不费周章，不饶口舌，不动干戈。

我这样兀自憧憬着，上帝在很遥远的那头冲我龇牙咧嘴地喊：哦！不，你只有一个地球。

是的，不是所有的人都能拥有小王子的微小星球和猴面包树，搬一把椅子看完日出，就可以马上转过去等待日落。

时间是银河，望上去很美，但转瞬即无。

亘古不变的，是我们内心里固守的那个纤尘不染的童话世界。

其实，每个大人的心中都有一座城堡，那里装满了童话，盛满了故事，溢满了想象。

毕竟长大成人后的我们早已了无生趣，还必须从索然无味的日子里拼命划拉出一点似有还无的乐子，将之无限放大，以此告慰面具之下贫瘠已久的灵魂。它不像孩童的世界，什么都那么五彩斑斓。在成人的想象力永不能及的尽头，有孩子们乐不可支的白昼与黑夜。

只有孩子知道自己在找什么。我们每日奔忙，却不知为何如此。

《小王子》的作者安托万·德·圣埃克苏佩里说过：所有的大人在长成大人之后就忘了他们曾经是孩子。所以这本书是写给曾经是孩子的大人们看的。

是的，童话都是成人写的，初衷并不是写给孩子，而是写给自己和与自己一样已变得无趣却又心怀另一个童话世界的大人。所以我也一直觉得，迪士尼的动画电影不只是拍给孩子看的，更像是拍给有童心的大人看的。孩子大多是看热闹，只问人物善恶好坏，只有心里藏着一整座童话城堡的大人，才会在一旁悄无声息地抹眼泪。

于是回到现实，我与众多不愿舍弃童话梦想的大人一样，爱跑去迪士尼尽情疯闹。在白雪公主的城堡里听听公主与小矮人的故事，在加勒比海盗船上看看老杰克，在爱丽丝的奇境花园里邂逅疯帽子的茶话会，在夕阳西下的道路两边手捧爆米花坐等米奇家族的集体亮相……末了，在月落枝头之际，泛舟湖上，欣赏这座童话城堡静谧的湖光山色之美。

若你的心中有一座童话城堡，何必在意身处何地，其实哪里都是世外桃源，哪里都是落英缤纷，哪里都是夏雨冬雪。在那个无忧无虑的空间里，有蓝色的天空、金色的落日、绿色的稻田；在那个笔触勾勒的极简世界里，你就是你，纯粹到你确切知道自己想要什么。

童话世界不必向孩子们展现，因为他们本来就生活在童话里，大人们还是不要残忍地把他们从那个我们早已看不见的世界里过早拽出来。就让他们在那里待得久一点，再久一点。不然，未来的他们，该拿什么来对抗眼前这个繁杂的世界呢？想让一个渐愈成熟起来的大人能始终善良温暖地活着，他的心中总该有美好绚烂且坚定如一的信念守护吧。

童年属于童话，童话不一定属于童年。

也许在你我的内心深处，都有那么一座被小心翼翼呵护起来的城堡，在蓝天之下，在青草之上，一个饱含深情的你，坐在房檐下，吹着清新的风，眼前一条小路蜿蜒至旷美的远方。

生活是朝极光的方向奔跑

“要按照你想的去生活，否则，你迟早会按照你生活的去想。”

老实说，我看到这句话时，脊背一阵发凉。生活已被我们过成了什么模样？我们觉得眼前的生活如一潭死水，日复一日，周而复始。我们想去改变，却又不知如何开始。我们害怕、迷茫、焦虑，因为前路未知。我们放任自己，晚睡晚起，管不住嘴，也迈不开腿，由着体重只升不降。我们下了无数次决心，去改变自己的生活状态，却还是夜以继日地盯着手机屏幕发呆。

太阳东升西落，日子一切照旧。

想不起来从哪儿看过这样的一句话：“如果你此刻能看到五年后的自己，并且确定那种生活并不是你想要的，那么你此刻必须有所改变了。”道理浅显，却知易行难。我想你之所以迟迟下不了决心，迟迟没做出改变，怕是因为你的生活还没坠入苦难的谷底。真正痛到底了，你才会放下。真正绝望透了，你才会改变。

可是，一定要等到一切都来不及吗？每个人都有置之死地而后生的坚韧与不屈吗？也许改变并没有你想象中的那么难。

从今天起，无论阳光明媚还是阴雨绵绵，不为自己找任何借口，坚持每天锻炼、坚持每日读书和学习、认真吃饭、减少熬夜、学会思考、遇事冷静……让生活饱满充实起来，你的心才不会那么焦躁，你的未来才会逐渐变成你想要的样子。

而这一切，都攥在你自己的手中。

生活，是朝极光的方向，奔跑。

你若有梦，就要去追

你有梦想吗？如果你已垂垂老矣，这个问题就太显苍凉；如果你还年轻，什么都未经历，这个问题太显宏大。年轻是一笔多么丰富的财富啊，因为你年轻，纵然你身无分文，寄人篱下，你也不会被看轻，你可以豪情壮志地呐喊："虽然我现在很穷，但我有梦想，我会去拼搏，我一定会成功。""再伟大的人物在其年轻时也无法眺望和预知他将在自己未来气势磅礴的人生画卷里扮演什么角色。"有句台词如是说。是啊，你以后会折腾成怎样伟大的人物，谁也不可知。因为你年轻，只要你精进好学、不懈努力、把握机会，就一定会大有作为。你的人生，全由自己书写。所以怀揣梦想是每一个还算年轻的人该有的格局。人生犹长，为何不拼？

有时，我会反问自己，那你有梦想吗？它实现了吗？

小时候，我的母亲拿着表哥的作业本在我面前赞叹说："啥时候你要是能写出这样的字，我就满足了。"我瞅了一眼我表哥的作业本后，就继续看我的电视，并随口说："我以后要当书法家，肯定能超过他。"后来的我什么家也没当成，不得不改了这口出狂言的坏习惯，却也给自己培养了一个修身养性的爱好，从来不会觉得日子寡淡无聊，反倒极爱独处，写字画画，悠然地沉浸其中。

我念书时，曾夜以继日的苦练英语发音，以至于半夜呓语都在纠音，只因为那时怀揣英语播音员的梦想，后来梦未实现，但也收获了相对纯正的英语口音。我的英语口音，在出国之后，让英国的邻居称赞不已，心里不免开心。不得不说，失之东隅，收之桑榆，你曾经为梦想所付出的泪水和汗水，它总会以它丰满的形式回馈给你。

也许你会说，你的梦想也没有实现，那它有什么意义呢？

我生性懒散，不能说无欲无求，也算是与世无争。我最常做的事情除了陪伴家人，就是躲在家里看看书、看看电视、喝喝茶、上上网、写几个字、画一幅画、写几句诗、写几行文字……以前养猫狗的时候，逗逗它们，半天一天也就没了。

我之所以没能成为书法家或者英语播音员，是亏在当初热烈的梦想禁不起我日渐避世的冷淡态度，是亏在不认真不坚持，是亏在不能十年如一日。我只是拿它来消遣，自娱自乐而已。是偶尔心血来潮而为之，这样的方式若是成事了，真该人神共愤了。

如果你有梦想，一定要以我为鉴，一定要持之以恒地去做，它总有一天会实现，哪怕是微小的机会，也值得你为之努力。哪怕梦想与你失之交臂，你的人生也因为你的努力而变得丰富，机会只留给有准备的人，若你万事俱备，就只等机会来敲门。你切莫跟我一样，三天打鱼，两天晒网。

无论怎样，梦想是要有的，不然我们碌碌无为的一生该是多么的无聊和无趣啊，一如英国诗人叶芝所言：只是碌碌，却无所想，亦无所梦，人生满是凋零（To do an do and do and never dream.）。

你若有梦，就要去追。

若你成为不了优秀，便要乐于与优秀同行

时光需偷，不然就流逝得太快了。

前几日，和朋友一起看了一部舞台剧，颇有好感。隔了几日，又去看了一部音乐剧，呵欠连天。两个舞台剧由同一个品牌出品。人们对品牌会有关联好感，一个产品不错，会觉得它所有的产品都会出众。很多品牌也会如此推断，有一二拳头产品让消费者争相买账，就以为其所有产品都会让消费者买账。

无论从谁的角度出发，这种好感和推断都很危险。就像消费者选择了一个品牌培训机构的课程来学习，然后遇到一位异常优秀的老师，课程结束后便对该品牌产生了光环式的崇拜与信赖，于是，后续的所有学习都愿意在该机构完成。这样选择，于消费者来说，对，也不

对，因为风险无法评估。消费者最好是继续选择那个令你满意的老师的课程，如果这个老师还在此品牌培训机构供职的话。如果你再遇到一个同样令你十分满意的老师，这个机构的品牌信赖度在你心里会进一步增强。而这种情况对机构的要求颇高，机构需网罗一茬儿又一茬儿的人尖儿，还得有本事与胸怀让这些人尖儿留下来。倘若这个机构不具备这种布局和发展，消费者将会遭遇期待而来，败兴而归的情绪落差，这与我看同一品牌出品的不同的舞台剧的感受是一样的。有些模式化的东西可以复制，譬如教师的讲义、教案、内容、框架等，一如舞台演员的台词、动作、段子等。这些东西，总有人在复制，总有人想复制，所以才有滥竽充数的存在。总有企业主想尽一切办法使用同一个模板为自己复制尽可能多的听话的挣钱工具，这样，其资本就会加速的累积，其商业帝国就会屹立不倒。他们之所以这样做，想必是觉得消费者不是瞎，就是傻吧。我后来想到，有些东西是永远复制不了的，比如一个教师的知识思维、讲授方式、文化底蕴、性格素养，一如舞台演员的演技、功底、神韵。这些要命的玩意儿，一个也复制不了。正所谓，差之毫厘，失之千里。

文学大师那么多，可鲁迅就一个；天才作曲家那么多，可巴赫就一个；旷世艺术家那么多，可凡·高就一个。鲁迅逝世的那一年，绝大多数中国人并不知道他们刚刚失去了什么；凡·高在世的那些年，他身边接触的人并不知道身边的这个疯子是一个天才。终有一天，人们会明白，有些优秀与杰出，真的是可遇不可求的。若你知道了这一点，也就知道了有些人、有些事，可遇不可求。你遇上了，要珍惜；你错过了，会惋惜。除此之外，你什么也做不了。人类总是如此，若你成为不了优秀，便要乐于与优秀同行。那些与莎士比亚、鲁迅、凡·高、莫奈、拜伦、济慈、巴赫、贝多芬同时代，谋过面、有过交集的人，他当时不晓得跟他有过交集的人是怎样一个杰出于时代的人，但至少，他们在同一个时空里一起感受过相同的晨曦微露与夕阳西下，那种际遇会让无数的从后来的时空纷至沓来的人羡慕不已。

伴侣的选择

人们在找对象、找伴侣时认为最重要的选择标准是什么？有一些自身条件很好的女生说，我没标准，只要人品好、性格好、修养好。有些人听后觉得这样的姑娘不要车不要房不要存款，岂不是唾手可得？傻子不读书，一生也不知道自己是傻子。一个菱形图案，大致可以描述这个世界上人们的普遍差别。菱形图的正中间代表着大多数的人，他们普普通通、不好不坏。环境向善时，他也向善；环境向恶时，他也向恶。但这个世界上，有一小部分人，位于菱形图的上下两端。其中有的人是人中之龙，生来就拔尖，要么智商奇高，要么道德奇高，改变世界靠他，为民奉献靠他。普通人不懂他们为什么这么杰出？也不懂他们牺牲自己到底图什么？他们只不过是化作人模样的神灵来到凡间行善罢了。其中还有的人是人中之渣，生来就是祸害，普通人不晓得他为什么要害人，有什么动机。人长大后会慢慢知道，童话里的坏人终究可以变好，但有些现实里的坏人生来就是魔鬼，他们不过是披着人皮的撒旦来人间作恶罢了。

综上所述，我想表达的是：大多数人的道德都是相对稳定，且有一定韧性的，谈不上有多好，也谈不上有多坏。其实无论男女，想找一个人品奇佳的伴侣，简直是大海捞针，比想象中难得多。倘若有人真就撞了大运，寻到一个人品奇好、道德极高、严于律己、宽以待人、一心奉献他人、丝毫不顾自己的人生伴侣，请你牢牢抱住。因为这样的人太难寻了。

我们常人一生中大概只能碰到菱形图中间的人，所以就不要时时惦记人品好这回事了。人品不差就不容易了。我们都是普通人，全身都是缺点。相比之下，我个人觉得，性格好、修养好，也许更靠谱一些。性格好，我的理解就是脾气好，当然没有人天生就愿意当别人的出气筒。但是在两个成年人的相处中，你会慢慢发现：情绪稳定，实在是太重要了。你肯定不愿意每天都重复着翻脸10次、拉黑10次、分手10次、吵架10次、打架10次的生活吧？成年人相处，情绪稳定很重要。修养好，我的理解就是无非读书多，知书达理，善解人意。当然，有人就喜欢肚里没文化，但长得诱人的主儿，这得另当别论。

武汉日记

2020年1月19日，武汉突然出名，网上开始不断提及武汉，我刚出差回来三天，刷着消息，心提到嗓子眼。

2020年1月20日，武汉持续出名，闻其扩散迅速，有14日潜伏期，想到自己17日还在武昌街道口某咖啡馆和厦门来拜访的同事谈事吃饭、逛校园，如坐针毡，一天量18次体温，坐立不安、夜不能寐。

2020年1月21日，扩散的消息铺天盖地，气息凝结中，全家揪着心，取消了之后几个月的一切行程。

2020年1月22日，当了一天木头人。

2020年1月23日早上，大年三十的前一天，我所在的城市宣布封城，这是证实疫情暴发的第四天。直觉告诉我物资会匮乏，我着急忙慌地在网上找货，因为今年春节全家计划出游，家里没备食物和年货，此时发现盒马已经不送货了，又一一尝试其他平台，结果都一样——无法送达武汉。冰箱里的东西最多能撑四五天，后续的生活突然成了一连串的问号。

有同事、领导发来问候。我说，还好，能撑。直到我曾在太原的同事王赞发信息来问我情况如何，我依然说还好，他与众人不同，追问我真的还好吗，有困难别瞒他。我这才向他承认我不便出门，这里根本买不到菜。他立马说你别着急，我马上去菜市场，用快递给你寄。我那不争气的眼泪当时就哗哗下来了。快递公司规定一个人只能寄三公斤物品，他把他家人和邻居找来帮忙，给我寄过来好几箱能长时间存放的蔬菜。他去菜市场买完菜，回家寄完快递，就赶去上课了。

有一种人，总能为你诠释生命中最美最真的绽放。

一刹那，耀眼一生，温暖一生。

2020年2月1日，农历正月初八，本应返校返工，可街道上车稀人无，今日的太阳也缩回去了，默契得很。在家足不出户，今天正好两周。我打开手机，疫情新闻满世界飞，真假莫辨，跟着干着急。

2020年2月2日，口罩和消毒用品已经彻底买不到了，前两周抢购的防护物资得省着点用，垃圾不能一天一倒了，每天打扫完家里，便把垃圾封口，放在门口的垃圾盒里，家人每两日下楼倒一次，出门前口罩、眼镜、头罩、塑料雨衣、一次性手套、一次性鞋套，全副武装，一楼门禁处量了体温，便可以进出了，扔完垃圾便小跑回家，身上的一次性装备扔进密闭袋后封口，放在门外的垃圾盒，塑料雨衣清洗消毒，然后放在阳台通风晾晒，之后洗手洗脸清洁自己。

2020年2月3日，猫趴在窗台上，看着窗外的车，看得一本正经，像是一个有思想的哲学家。

2020年2月4日，我本以为等到大年初八全员开工后，我们的物资紧张状态就会得到缓解。不说口罩、药品、消毒液，起码蔬菜可以供应上了。我打开手机发现无甚变化，急需物资依然无法送达武汉。我从北方买的蔬菜，应该过些天就到了。若口罩不够，不出门就是。每次出门倒垃圾，都是速去速回，途中绝不与人交流就是。

我们总是能找到安慰自己的办法。

2020年2月5日，家人说：我们在家里遇到什么都是小事，医院的医务人员才是拿命在拼呢！如果哪天咱们需要出去采购物资的话，能多买点就多买点，往医院送点吧。

人们总是知道谁在为我们遮风挡雨。

2020年2月14日，以往这个时候，武汉的大街小巷的空气里都弥漫着甜蜜的味道，可能还混杂着零星的热干面的余味。今天早上，一声惊雷，把我从睡梦中打醒，我瞧瞧窗外，天还没亮，想继续眯一会儿，又是一声轰隆隆的巨响，响彻天际，吓得我赶紧睁眼，定了定神，是楼塌了吗？还是巨大的雷声？会不会发生火灾？要不要逃跑？突然想到我买的防火面罩、防火毯、护目镜、瑞士军刀，昨天刚刚到货，心里顿时感到一阵安慰。我这是产生被迫害妄想症了吗？我想是的。

去年，我和几个助教一起看了《釜山行》，距我上一次看惊悚电影《死神来了》有十年之久了，我天生胆小，平时不看恐怖片和惊悚片，我喜欢看动画片。不知怎的，疫情之后，《釜山行》的情节就常常出现在我的脑海里，很多个夜晚，我站在阳台上，看着川流不息的车流和星星点点的万家灯火就在想：如果有一天，我们这个城市被变异的细菌或病毒入侵了，这个城市会不会轰然倒下？夜晚会不会安静得令人发麻？人们躲在家里，会不会弹尽粮绝？我要不要现在先储备一批物资？

每每想到这些，我都不愿往下多想，转念一想，又觉得好笑，吃饱了撑的，这么阳光明媚的日子，干吗要杞人忧天呢？

2020年2月15日，再过四天，我在家就足不出户一个月了，当然并不是严格意义上的足不出户——我下过楼。去百米外的物业快递柜取过快递、去楼下保安处拿过外卖、每两天就下楼扔一次垃圾……每次出去，都是一场生死战役，尽可能全副武装，头罩、口罩、眼镜、一次性手套、雨鞋、鞋套、雨衣……打开门先喷一圈消毒液，拿根牙签去按电梯，方才敢出门。每次出门往返时间大约5分钟，倒垃圾、取快递大约10分钟。出门穿装备、进门脱装备；出门前消毒、进门后消毒；外套消毒、外套晾晒；然后换衣服、洗手、洗头、洗澡、吹头发……半天就这样没了。

2020年2月16日，前几日家里蔬菜告急，在网上找了许久，终于在一家新开的水果店里找到了蔬菜，这是当时网上唯一能买到菜并立即送来的，买了六种蔬菜，每种一斤，共六斤，260元。

家里老人服用的医嘱不能断的处方药，也在我拍破脑壳想出的种种办法下，以高价从线上和线下买来数盒，看着整整齐齐的一堆处方药，心里的石头算是落了地。

其他日常所需和消耗物资，也渐渐地不再紧张，疫情爆发之初在网上花398元买的一盒20支雾霾防护口罩已所剩无几，仅剩下薄得真假莫辨的两小袋一次性口罩，每次出去不戴上两个都不敢让自己暴露在光天化日之下。今天能在便利店买到口罩，真是令人开心。

2020年2月19日，宅家已足月，这样的生活，除了长时间盯着手机找物资看得双眼胀痛之外，基本上已习惯。我和家人调侃，“只要不出门能弄到物资，我在家待到年底也没问题。还能打坐呢。”

我不做梦，但我憧憬，我知道会有拨云见日的那一天，我们走出去，我们会摘下口罩，我们会见面、会微笑、会寒暄、会彼此对望、会谈天说地、会纸短情长……

童年的节气

腊八节是一个颇具年味儿的节日。小时候，腊八之后，除夕的年夜饭就可以掰着手指头倒数了。腊八节的晚上，家家户户都喝腊八粥。老话说，“腊七腊八，冻死寒鸦。”意思是季节的气候，腊八节前后是一年中最冷的时候，小寒已过，大寒临近。

中国的二十四节气充满着智慧、准确和意境。

譬如说惊蛰，仲春时节，万物复苏，春雷始鸣，轰雷惊醒蛰伏于地下冬眠的万物；春天总给人无限的希望和无尽的遐想，所以很招世人待见。我小时候不喜春秋，因为要每天上学，毫无乐趣可言。工作后不喜寒暑，因为要每天上课，毫无从容可言。

譬如说谷雨，春夏相交之节气，源自古人“雨生百谷”之说，小时候在课文里学到“春雨贵如油”，并不知真正的含义，还暗自揣度雨水怎么会有油贵呢，长大后才知道原委，原来此时田间作物新种，最需雨水滋润，来保丰产。所谓“谷雨三朝看牡丹。”谷雨之后，可三五结伴去洛阳赏牡丹了，该是一大乐事。

譬如说芒种，“芒”是指麦类等有芒植物的收获，“种”是指谷黍类作物播种的时节，意思是收一茬，播一茬。此时已值仲夏，田间地头，垄上垄下，一派繁忙，正是“栽秧割麦两头忙”。想起小时候第一次随家人去乡间游玩，望着田埂上青翠一片，我问我妈，这是葱吗？她笑着摸着我的头说：“孩子，这是稻苗。”我当时记住了，可过后又犯过无数次这样的傻。我喜爱乡间的青草气息，为了遂愿，我常常拿着家里新买来的葱问我妈：“这是稻苗吗？”我妈不厌其烦地解释，我不厌其烦地错认，于是后来一到周末，我妈就会带着我坐车到乡间去学习和辨认，但我每次却撒欢儿似的跑得无影无踪。

譬如说寒露，秋之节气，意即“露气寒冷，将凝结也”。秋天是诗人最爱的季节，万物凋零，蝉噤荷残，满目金黄却萧瑟悲凉，情绪在秋风卷起的落叶中层层酝酿，才会有“自古逢秋悲寂寥，我言秋日胜春朝。”的秋伤，才会有“落霞与孤鹜齐飞，秋水共长天一色。”的秋咏，也才会有“如今识尽愁滋味，欲说还休，欲说还休，却道天凉好个秋。”的秋叹。在古代，诗人是受人仰望的。哪怕是在我上中学之前，我与好友之间互赠礼物，也还是会挑选中外诗集，并在扉页上郑重其事地写下赠言，这样的学生时代一去不复返了。

譬如说大雪，仲冬时节，正式来临，渐次到之后的小寒、大寒，将是全年最冷的时节。中国人主张“冬藏”，早卧晚起，减少出门，也是顺应天时。我极喜爱冬季，尤其是户外大雪纷飞的日子。我念书时，曾在笔记本上写下：人生三乐事——听风、看海、踏雪。幸在三件事一一尝遍，其中滋味，品在心头。

在满天繁星的夜晚，爬上楼顶，找一个呈直角的风口，抬头仰望星空，夏天的风轻柔凉爽，聚神凝听，能听到风的私语；很多人喜欢海，因其浩瀚，因其湛蓝。我也喜欢海，喜欢它显露在上的沉静和藏匿于下的汹涌。喜欢它令人心醉的无边的蓝和泛起的朵朵浪花的白。光脚走在浅滩，任一排排的浪或低或高地掀过来，这是大海对你亲密的问候。

我小时候喜欢下雪的天气，并不真懂欣赏，而是喜爱在雪中嬉闹。踩在没过膝盖的积雪里，深一脚浅一脚地往前奔，不时停下来，抓起雪，揉成一团，朝小伙伴儿扔去。大院儿里的孩子们三三两两，或追逐嬉戏，或抱成一团儿，或滚在雪地里。在冰天雪地里，有两件事不能不做：一是堆雪人儿。小伙伴们分工明确，不一会儿工夫，雪地里陡然立起个雪白的娃娃，黑眼睛，红鼻子，头上顶个毡帽子，咧着嘴，一直在笑。天黑了，小伙伴们纷纷地被喊回家吃饭，都依依不舍地与雪人道别，一回到家就先趴窗棂上遥看一会儿雪人，确保它无恙了，才去洗手吃饭。二是舔冰柱。这件事现在更不可寻了，在冰冻极寒时，低矮的房檐下会结有一串串的冰柱子，晶莹透亮，掰下一根放在眼前，从这窄窄的透明的冰柱里看世界，饶有一番趣味。兴致起时，伸出舌头舔舔冰柱，犹如喝下一口山间清澈的泉水，冰凉甘甜，冷的直缩脖子，但却乐在其中。

但可惜的是，随着岁月的奔流，我上中学以后，这样的体验便不再有了。闻春季满腔芬芳扑鼻的春泥、看夏季雨后的七色彩虹、赏秋季美若晚霞的金黄秋叶、览冬季一夜满世界的皑皑白雪。那时候的雨水可饮、积雪可啖、花香可闻……

如果我们曾经亲历过的儿时乐趣只能透过模糊的记

忆和一星半点的只言片语来传递，而今后的孩子们也只能通过想象来完整他们的童年，这样是不是有些残忍？我们未经允许过早消耗了他们本来能拥有的蓝天白云和清新空气，让他们的童年充斥着他们永远也想不明白为什么在他们父母童年并没有出现过的“霾”。那时的春夏秋冬、那时的鸟语花香、那时的清新空气，难道都是幻象吗？

我们一直在追求骄傲的生存姿态，也许它并不是用无尽的高楼大厦和无数的汽车飞机换取的。也许我们需要的只是停下来，等一等早就被我们远远地甩在身后的快要枯竭的灵魂，给它一口水喝，让它好好歇一歇。

童年的冬天

天说变就变，风一吹，温就降，寒气就逼人。冬天顶适合耍赖。早晨赖在被窝里，等晌午的饭香扑鼻了再缓缓起床。午后赖在屋里，和时光厮磨，大门不出，二门不迈。躲在有暖气的房里，嗑瓜子、吃零食、看电视。或坐在空调房里，喝口热茶、斗个地主、看本小书、写篇日记。晚上早早洗漱，爬到床上，刷手机、看电影、读绘本，想往事。

人活着图个啥呢？乐呵儿呗。反正在冬天，慵懒是正大光明的，颓丧是情有可原的，不作为是人性使然的。如今这年月和我小时候是大不一样了——冬日的天儿灰蒙蒙的，高楼看下去，净是车水马龙、人来人往。

不像我穿开裆裤那会儿，到了寒冬腊月，天儿冷飕飕的，我也不着家，和院里的小伙伴儿们直往冰天雪地里冲。那小脸儿小手儿冻得跟紫茄子似的，鼻子尖儿红彤彤的，跟没事儿人一样。那年月，家长的工资都十分有限，那是计划经济的时代，改革开放的春风还没吹来，孩童们手里的玩具自然不会随着年岁的渐增而不断地换新，于是广阔天地成了我们的游乐场。我们在大院里追打嬉闹，疯跑疯笑，不知疲倦。

楼上时常有家长冲我们喊："喂，你们都慢点跑，摔地上不疼啊？瞧你们这些小鬼都冻成啥样儿了？这么冷的天儿，外面有啥可玩儿的！"

有啥可玩儿的？嘿，那是你没有玩儿过呢。这可是我童年最大的乐子呢。没有童年的人生，那还是人生？一场盛大的疯闹结束，约好晚上再出来碰头的时间，兴高采烈地各回各家各找各妈。

一回到家，跟鬼子进村儿似的，开始扫荡，还没端上桌的菜，在厨房就被蹂躏得不像样子了。正式开饭的时间，在餐桌上进行第二轮扫荡，大规模地毯式地席卷。坐在一旁的家长只得无奈地叹息："哟！这一下午都干啥去了？挖煤去了？瞧瞧这都饿成啥样了？慢点吃，这是多少年没吃上饭了？说你呢，宋逸轩，慢点吃！"

只可惜，童年稍纵即逝，人长大的速度也忒快了点。可不是嘛，说长大就长大了，还要工作，还要上学，还要考研，还要被淘汰——嘿，人生忒没劲了。

舌尖记忆

一

找一个闲适的地方喝一碗锅巴粥和吃几块火烧馍，比去山间隐居更能让我怡养性情。

小时候，逢年过节，我就很盼望去城边郊外的亲戚家，一整天的期盼只为午餐到来时，守着灶台大锅一碗接一碗地喝热气腾腾的锅巴粥，一年一次，十分珍贵，常常吃得我肚圆亦不愿搁碗。这是湖北独有的味道，也是我儿时的美食记忆，在外数年，无缘邂逅，时至今日，那味道都难以忘记，依稀停留在舌尖。寻味而去，是中国人情感的表达，也是思乡的味道。吃的文化，延绵数千年，是风俗的传承、是历史的浸润、是文明的传递，我不信与舌尖毫无瓜葛。

二

在湖北初冬的早上，我有时会郑重其事地过个早，“过早”是湖北话“吃早饭”的意思。在你又饿又冷的时候，总想来一碗热气腾腾的面，就像《简·爱》中的主人公简·爱出走后，流浪在街头又饥又困时总想吃个面包一样。我对面包不大感兴趣，因为以前在英国时，每天早上都吃两小片烤面包、喝半杯热奶茶，但没到十点就饿昏了，一周不到，人瘦了一圈，看见方便面都垂涎不已。

这些年我对粉面的执着全仰仗鱼米之乡和北方数地对我的栽培。

我小时候在北京生活过一段日子，但我当时太小了，对豆汁儿的记忆早已模糊。打我记事起，我脑子里就是粉、面、米酒、甜豆腐脑和三鲜豆皮了。我在任何地方出行，不管是一天三顿面、一天三顿馍、一天三顿小米粥加烙饼、还是一日三顿莜面、擦尖儿、臊子面、馕……都一样可以果腹。生活，犹可精致，亦可糙。

三

记得是一个浪漫的夜晚，我专程赶去一个楼顶餐厅吃晚餐，却被老板告知：今晚股东包场，我们不接散客，请便。言毕，他便转身自己忙去了。我想了一秒，走上前去，小声嘀咕了几句。他抬头看了我一眼，我郑重地点头。于是，我重新落座、点菜、上菜，一气呵成，心愿终了。

在幽暗宁静的环境中有古镇酒吧惯有的民谣、角落里点着蜡烛、桌子上有精致可口的食物……无酒无诗无歌无赋，空气里却氤氲着浓烈的香，一个本来多有叨扰的冬夜，却硬生生给烘托得意犹未尽，这让我想起了泰晤士河边那个晴朗迷人的下午、圣保罗教堂听布道的那个静谧的黄昏、温莎小镇上徜徉的那个忽雨忽晴的早晨……种种美好难忘的体验都一一涌上心头，美好都是一瞬间，却能品味一生。

世事有成全，但也有遗憾，若不是在诸多的遗憾中可偶得片刻的成全，你怎会欢愉难忘?

遗憾的事，就让它过去，别为难自己。

年味儿

农历正月初五，北方有“破五”一说，大概是因为过年期间禁忌颇多，小孩子不能胡言乱语，大人也要谨记一些祖辈口口相传的规矩，比如不打扫卫生、不倒垃圾、不说不吉利的话、不能打碎东西等等，但到了初五这一天，这些禁忌可以破除了，家家早起放鞭炮、倒垃圾、打扫卫生，寓意“送走旧时穷，迎进新年财”。南方的这一天则要迎财神和祭财神。

我是湖北人，但我是南方人还是北方人，至今也不大能说清。我刚毕业时，在上海工作，同事问我是哪里人？我说是湖北人，对方又问：“你们北方人吃得惯上海的饮食吗？”我说：“还行，我啥都挑，就是不挑食。”其实，我也就是顺嘴那么一说，在上海时，我每次外出吃饭，点菜的时候都交代服务员让厨师不放糖、多放盐，可菜端上来尝一口，却发现菜原本是啥样还是啥样，糖没少放、盐没多放。就像每次外出吃饭时总跟服务员说不放味精一样，大多时候只是哄自己放心掩耳盗铃罢了。

后来，我去北京和山西工作，同事们知道我是湖北人，知道我大冬天的只穿了一条薄秋裤时，他们无不向我投来钦佩的目光，称赞道："你们南方人真厉害，你们就不怕冷？"我说："不是有暖气吗？其实我穿一条秋裤都嫌热。"北方的暖气真是好东西，什么叫四季如春？你只要待在北方就知道了。北方的暖气供暖从11月开始，持续到次年4月，一年中有半年，人们都生活在室内的恒温之中，不管是商场、酒店、餐厅、菜市场、火车站，还是飞机场，除无法遮蔽的户外，皆温暖如人间四月天。

北方人不扛冻，那是因为他们的冬天活得太幸福了，若让他们生活在武汉或是襄阳，在冬天不开空调的房间里，他们会宁愿出去裸奔。我曾在襄阳工作了几年，一到冬天，宁愿外出踏雪迎风，也不愿待在刺骨极寒的办公室和室内。外出不是因为任性，而是为了求生。那时我们一行人裹着军大衣，从头到脚捂得严严实实的，嬉闹着，追逐着，从地上抓一把雪，往他人的颈项里塞，却不料被他人塞了几把雪。跑着跑着，身上就热乎起来了。末了，总要去城墙根下的西门桥图书超市溜达一圈，在那儿淘几本各自感兴趣的书，抱着书，说说笑笑，走回到办公室。这样的日子倒舒坦，却并不长久，只留下一段美好的回忆。

“破五”这天，窗外的雨淅淅沥沥地下着，这感觉一点也不像过年。过年就应该是漫天大雪纷飞的样子——瑞雪才能兆丰年。如果在北方过年，或许能看大雪纷飞，这是北方的又一大好处。我对很多习俗禁忌的了解都是在北方学的。譬如说冬至晚上吃饺子、腊八喝腊八粥、二月二“龙抬头”要理发、大年初五“破五”要打扫卫生、放鞭炮、祭财神……这些习俗我原本是不甚明了的，可能与地域风俗和家族习惯有关。湖北不南不北，身处内陆腹地，按说很多习俗应是兼顾南北，又自成一派。湖北的饮食小吃，确有独特之处。但在习俗上，它却偏偏不是这样，再加上我祖上就开始信奉西方天主教，所以我们家对各种传统节日和习俗也传承的相对较少，但也不是说百无禁忌，我从小就知道一进腊月就得“忌口”，不再乱说话，尤其是不吉利的话。从腊月到元宵节，小孩都会被大人反复叮嘱，生怕犯了禁忌。大年三十到大年初三这几天不能倒垃圾，堆者是“财”，不可清理。

春节是一年中最重要的节日，家家户户都铆足了劲儿为大年三十晚上那顿意义非凡的团圆饭做着充分的准备，勤劳贤良的老百姓，腌好鸡鸭鱼肉、灌好各式口味的腊肠、炸好各式酥软小食儿、备好花生瓜子儿、备好年糕糖果儿、备好水果饮料……就等除夕的到来。年三十儿那一天，家里人都起个大早，各忙各的，少时的我常扒在厨房门边，眼睛直勾勾地盯着灶台，年夜饭好不容易做好了，却还不能动筷子，家中主事者要先在门外放鞭炮、敬天地，再单独摆好酒菜、点蜡烛，烧香、叩拜祖先。因我们家长辈信奉天主教，所以还需摆好食物瓜果，将手脸洗净，虔诚地跪在耶稣和天父圣母像前燃烛祷告。最后才是一家人围坐成一圈，桌上放着八碗八碟，荤素搭配，鸡鸭鱼肉应有尽有，令人目不暇接，圆桌中央沸腾的铜炭锅里煮着香气四溢的牛羊肉。待家中长者致完新年祝词，吆喝一声“吃年夜饭啦！”这才能拿起筷子，慌里慌张地将其伸到自己垂涎已久的那些菜里，有时急了想直接上手，会立即被大人呵斥，无奈只得学着用筷子，故而小小年纪便学会了娴熟地使用筷子来获取形状各异、颜色不一的各种食物的本领。

吃罢年夜饭，数贴春联使我最感兴趣了。我记得小时候，我们家贴春联是用自家米面熬制的糨糊贴的，熬好后盛在盆里，热气腾腾的。我问我妈：“糨糊能吃吗？”我妈说：“能，但吃了会黏糊肠子。”我自行脑补了一下，之后就不再觊觎了。我上中学后，有一段时间想当“书圣”，这个非分之想使我日夜奋笔疾书，用废报纸狂练字，觍着脸给家里写春联，其心境如王羲之写《兰亭集序》一般。我当“书圣”的那几年，连邻居们都难逃厄运，都纷纷地省去了买春联的钱。后来我们搬家了。不知现如今过年，他们看到门上不一样的春联，是否会想念抑或庆幸，春联不是来自于邻家小孩的“墨宝”。如今我也不写了，这些年我们家的春联都是我从超市买来的。

年夜饭、贴春联都使我兴奋，但说最让我期待的，要数“守岁”了。大年三十的晚上，从老到小，无一例外，都要熬个通宵，从大年三十的晚上一直守到大年初一的早上，唠嗑儿、看电视、讲故事，怎么都行，就是不能睡觉，到了12点，一家人出去放鞭炮，噼里啪啦，以示迎接新年，放完鞭炮，回来接着熬，直到东方初白，实在熬不下去了，可以去小盹片刻，起来后赶紧洗漱，穿上新衣新鞋，随大人去拜年。这样的“守岁”极其考验体力，小时候我是体会不了的，但能守，别说守一个通宵，只要给吃的、给红包，守三五个通宵也不在话下。一个小孩，屋里屋外，房前房后，床上床下，整出了一个加强排的动静。如今再让我守岁肯定是不行了，自从我工作后，就不敢再熬夜了。尤其近些年，每次熬完一个暑假的课，都声嘶力竭，气亏得厉害，恨不得找太白金星跪求几粒仙丹去。

如今过年，只能百无聊赖地躺在沙发上看电视，好不容易熬到12点，鞭炮一燃毕，就赶紧往床上爬，心想终于能睡了。现在愈发理解我小时候过年时，家中大人和老人一起陪我守岁的辛苦与不易。人生就是这样，一些事情只有自己真正经历了，才会真正懂得个中滋味，没经历过，又哪来的感同身受呢？

小时候，我妈说，从除夕一直到元宵都是新年，元宵节赏完灯，年才算真正地过完。这句话我甚是喜欢。这就意味着，儿时的我能将自己的快意人生从放寒假的那一天一直持续到开学的那一天。至于寒假作业，早被我抛在九霄云外了。

如今，我们总说年味儿淡了，也许年味儿是淡了，也许是我们淡了，淡得顾不上它了。

其实，年味儿就体现在家人精心准备的丰盛的年夜饭里，体现在贴满喜庆洋洋春联的门里门外，体现在彼此敬酒的美好祝愿里，体现在此起彼伏的鞭炮轰鸣声里，体现在开门迎客时那一拱手的姿态里，体现在我们陪父母拉家常的欢声笑语里……

随 笔

开卷有益

开卷有益，这句话被我们遗忘了多久。早晨，我乘地铁去上课，被人群从门口挤到了角落，在拥挤过程中，我看见一个十来岁的小孩儿正蹲在地铁的一角，捧着一本书看得出神。我远远瞅见，那书白纸黑字、繁体竖排，一时吸引了我。我挪到小孩儿旁边，偷瞥了几行文字，一时吃惊，竟是钱穆的《国史大纲》，瞬间对眼前的小孩肃然起敬。

他到站下车时，我在他的身后行着注目礼。

这让我想起了以前，我在伦敦乘地铁时，常见到车厢里有人或坐或立地捧书而读，厚厚的大部头、泛黄的纸张，都透着生命倔强不安的特立独行。

有人活着，却早已毫无知觉，不过是还呼吸着的一种生物。

有人活着，生命鸿篇里的每一页都是一首史诗。

放空

我给我妈剪了头发，已是被婉拒几次之后的不得已而为之，我把平生用后背感受到的托尼老师的迷之手法都用上了，用心地修剪了大半个钟头。吹干后，老人家甚是满意，还好不负所托。

这年月，若不会自己做菜、不会自己剪发、不会自己解决生活里的问题，还真不好意思宅在家中。

平日里，上课上得累的时候，我就挤时间看动画片。我一旦感到疲惫，便想着放空，想坐在燃烧的炉火前煎培根鸡蛋，而后安静地品尝，像哈尔回到自己的城堡。

人毕竟不是皮筋，也不是陀螺，累了就歇，醒了就学，没有人的状态是单一的。

歇好了，爬起来，还是要继续上路，有风，有雨。

雨前

莫名喜欢一座城市经历着乌云压顶雷声轰鸣山雨欲来风满楼的景象。

我要是在凤凰，此刻该坐在临江的吊脚楼的二楼阳台上望着脚下沱江的涓涓绿波读着那一篇乡里乡音的翠翠。

我要是在婺源，此刻该在老乡的伙房里等香气扑鼻的山笋炒肉上桌，而后在小院里边吃饭边眺望满目的油菜花。

然而我此刻在家，断了所有飘飞的念想，默默观赏一个城市从无边无涯暗不透光的乌云里挣脱出来，独坐一隅，像个老家伙。

雨终于下来，天空也逐渐亮堂起来。

余生憧憬

醒来，照例在床上躺了很久，手机刷厌了，便翻两页书，然后起来整理床铺，洗漱完毕，做早餐。音响里性感的《酒》（Los Vino）和欢快的《在玛丽的眼中》（Les yeux de Marie）交叠出现，我在厨房里准备早餐与中餐。牛奶、水煮蛋、玉米面包，从冰箱里拿出一只放了许久的乡村土鸡，手起刀落，剁下鸡腿、鸡翅、鸡爪，与香菇烧卤，其余部分收起来，下次与冬笋炖鸡汤。

我在厨房兀自做着菜，兀自摇晃着。一下子想起电影《闻香识女人》里那个风骚独领的阿尔·帕西诺和那首听一次就无比沉沦的探戈舞曲《一步之遥》（Por Una Cabeza）。我突然想，等我老了，讲不动课了，就去找一个有前庭后院的小房子，开一间每天只营业三五个小时的小餐厅，在透明的玻璃厨房外面的草坪上支几张灰蓝餐台，点上几根蜡烛，专挑我喜欢的舞曲放。请一个按时段收费的有品味的厨师做主厨，我来做前菜和甜点，把我毕生的小心思都放进去。几个顺眼顺心的朋友吃完后一个劲儿地冲厨师竖大拇指，开心满足地招呼我去结账，我会顺带请他们喝上一小杯朗姆酒。

夕阳的余晖铺满草坪，我眯着眼，坐等打烊，伸手举杯，拥有整个黄昏。

我想变得更好，不只是活得更好

一觉醒来，天又是灰蒙蒙的，和简·爱逃离桑菲尔德后在沼泽湿地流浪时所经历的凄风苦雨相似得很，我眉头紧皱，在极目眺望中捕捉到远方地平线的尽头有一星半点若隐若现的微光在闪烁。

我们为什么如此珍惜生命？我们到底想用这万分珍贵的生命做些什么？这是我前两天问自己的问题。

我想变得更好，不只是活得更好，这是我今天的答案。我想，每一天醒来的自己都比昨天优秀哪怕一分一毫。正因为我远不够优秀远不够杰出，所以才战战兢兢、如履薄冰。我的大脑像干巴的海绵需要水一般渴求知识的无限注入，但在暗夜里又无比清醒，像星辰静候夜空一般等待时机的到来，骨子流淌着如《伊利亚特》

里的阿喀琉斯一样奔涌着强烈的英雄主义的热血。

我在心里打开《圣经》，翻开第一章“创世纪”，我向上帝祈祷：不只希望世界和平，更希望世界永安宁。

啤酒

我有一次坐飞机，无聊时随手翻看了一本杂志，里面有一篇介绍啤酒门类的文章，看过之后，再喝啤酒时，便有了些许认识，少了许多抵触。跟我不熟的人以为我喜酒，我只好莞尔，实在高抬。啤酒是世界现存最古老的饮料之一，传说在公元前6000年前的美索不达米亚地区的苏美尔人就开始酿造了。

啤酒按发酵工艺大体可分为两种：一类是艾尔（Ale），也就是我们常见的麦芽酒。另一类是拉格（Lager），也叫工业拉格或窖藏啤酒。

艾尔指的是以顶层发酵啤酒酵母（Saccharomyces cerevisiae）发酵的啤酒，这种酵母存在于自然界中，是最早被人类运用的酵母之一。将麦芽研碎后，加入酵母，在温度较高（15—24℃）的情况下发酵出来的，在这个过程中，酵母一直漂浮于混合液的上面。虽然制作过程较短，但由于艾尔啤酒不容易保存，质量难以控制，成本相应较高。1842年后，艾尔啤酒就逐渐淡出了工业舞台，只作为传统啤酒的象征，出现在英国的大小酒吧里。对于英国人来说，品尝艾尔啤酒是一种怀旧、奢侈、充盈，是不足为外人道的喜悦。

在德文中有“储藏”之意的拉格，是以底层发酵啤酒酵母（Saccharomyces pastorianus）发酵的啤酒。这东西，我个人理解，大抵类似鲜奶中的巴氏杀菌吧。这种酵母由顶层发酵啤酒酵母与真贝酵母菌（Saccharomyces eubayanus）混种而成，因而具有在较低温度（约5—14℃）活动的能力。拉格啤酒易保存，这使得它如龙卷风般迅速征服了工业市场。

烧烤、沙滩、落日、冰鲜啤；冲浪、游艇、派对、比基尼。在黄昏的海边，夏末的风吹拂过的每一丝清凉里，我们畅享着工业拉格带来的如诗般狂欢。

南北差异

南北气候差异的最大体现莫过于干燥与潮湿。在北方待久了的人初到南方之地，尤其是凝聚了天地万物之湿气的山抱水绕的郊城，应该颇为不适。连我这样的中南人都束手无策，到南方的北方人怕是有苦难言。走在户外，像是走在水汽弥漫的蒸屉里；躺在床上，如置身浸泡了水的棉花团里。

早上起来，头晚挂好的干燥衣服却像刚刚熨烫过的湿度一样，恨不能拧出水来，可惜没时间吹干，只得直接套上出门。

空气里弥漫的都是江河湖海里四大龙王纵横恣意翻腾不休的桀骜与霸道。所以南方人饮食宜辛辣，靠运动排湿。北方人饮食宜清淡，辅以加湿。

教养

一日中午在外吃饭，餐厅人声鼎沸，我落座，点菜，吃饭。我的左边是一对父母带着一个十五六岁的女孩，我的右边是一对父母带着两个孩子，哥哥十来岁，妹妹四五岁。席间，左边三人高谈阔论，纵声欢笑，好不惬意。右边一家四口，围桌悄声吃饭。两个小孩说话逗乐也是轻声细语，我坐在他们旁边，很是好奇他们在谈什么。

我的碗搁在桌上，拿筷子夹菜，之后在碗里挑起米饭送入口中，一直如此，未觉不妥。我曾为了赶不同校区的课，饿极了的时候，端碗至嘴边，朝口中胡乱扒饭，三五分钟便可解决午餐。对于我来说，吃饭好像一直以来都只是为了果腹，正如同许多人工作只是为了活下去。吃饭和味蕾的愉悦无关，工作和生命的感知无关。

我不经意又看了眼右桌，注意到作为一家之主的那位先生，静默端坐，轻巧地端着碗，伸箸于前，夹几片菜，合一口饭，慢条斯理，有滋有味地咀嚼着。而那位女士则偶尔轻言细语地和两个孩子说点什么，抑或转头笑看先生，一家人吃得闲适安静。这可能只是我所窥见的表象，但表象足以令人敬之。

见此，我下意识地把搁在桌上的碗端起来，挺直腰身，端坐桌前，让自己吃饭的节奏慢下来，以期吃相尽可能不那么难看。端碗吃饭，细嚼慢咽，食不言，寝不语。从小便被这样训诫，却充耳不闻到如今。

教养，这个听起来仿佛落伍的词汇突然被我想起。

独处

时光像盛满细沙的筛子，末了才发现被其滤过的自己空空如也。越成长，越慨叹。越峥嵘，越荒芜。刀枪剑戟的挥舞厮杀之后，内心安然，寸草不生。管你是无奈还是怅然，纵退至山脚，那江湖依然。

突然发现做决定这件事不可以在月黑风高夜或是凌晨夜半时，尤其万籁俱寂四野茫茫，人容易从灵魂深处探究问题的本源，事态易被无端扩大。做任何决定，都该在太阳升起之后，炫目的阳光毫不吝惜地撒在广袤大地上。良善与邪吝、真知与伪念、坦荡与猜忌、乐与悲、闲与碌，都无所遁形。于市井气十足的街头巷弄，在人声鼎沸的楼里楼外，听着家常唠着嗑儿，喝着茶水赏着曲儿，拜高堂满座，守子孙满堂。待回头看时，那梦境之处，曲径通幽，宛若隔世。

我挤出连轴转的间隙，坐在阳台上晒太阳，眯着眼睛看一会儿书。再忙乱，也要有独处之时，不问世事，不应人情，静立一隅，守在自己的世界。

时光

爬山几日，体力和心气儿都未尽兴，途中遇雨，没有东坡先生的竹杖、芒鞋，幸好酒店不远，一路快走，三五分钟，洗澡泡茶，换上干衣裤，手捧热茶，坐在窗边，凭栏而望，游人尽散，雨雾缭绕中的山巅静谧如修仙之地，坐着望着便出了神儿，差点忘了烟火气，幸而咕咕叫的肚子挽救了遐想。

吃完饭，雨就停了，未曾想竟看到落日。始终不甘乌云遮挡的落日执拗地散发光芒，余晖下的晚霞映红了半边天，与一端轮廓分明的八角亭遥相呼应，像是对望相守互诉衷肠。晚上，我穿上羽绒服爬到山巅最高处几块错落的岩石上等夜幕降临，等仙人来渡。后来摸黑下了陡立的崖壁，安全地在自己的幻梦中睡了去。只为登顶时未等到日出而遗憾，雷雨天未一览群峰延绵而叹息。

翌日下山，又寻到几个古村落去住。途遇不少写生的美术生，几次忍住要去拿那调色板的冲动，只得心有不甘地往前走了。晚上乡人睡得早，我走在闭门锁户纵横交错的古村石道上，能听见自己的心跳和脚步声。次日又在蝉鸣蛙噪声中醒来，鸟儿早啼过了，没叫醒我。寻到一家古朴的老宅子餐馆吃饭，七月的闷热便被关在了斑驳的木板门外。老板泡了茶，和我有一搭没一搭的唠着嗑儿。桌上的摆件和墙上的字画凸显着十足地被年代打磨过的痕迹。时光荏苒，这该是最好的诠释吧。

什么是时光？时光不就是：回不去的曾经、正直面的现在和即将蹉跎的将来。

看花海

下山时，我顺带去看了花海，今年花期好像稍早。我顺小径迂回于村落之间，边走边瞧。见暮色西沉，于山一隅觅见一独栋僻静农家，夜色之下，将木桌条凳拿到露天铺开，就着薄暮吃着晚饭，早春凉意全然不抵炊烟之香，末了学着村人捧茶漱口。凭栏而望，远处雨后的群山之轮廓渐渐朦胧，四野寂静，夜凉如水，心静如水。

次日寻到村落，适逢连绵阴雨，不被时间催赶，干脆多住两日。撑把油纸伞，踩在大小不一的鹅卵石小路上，料峭春寒犹在，丝毫不倒兴致。这时节村里外人尚稀少，到了黄昏，许多人家便睡下了。走在河边，昏暗橘黄的光照在石子路上，像是少时见过的乡村风景画，古朴又迷人。

心境

我小时候很喜欢下雨。假期一个人在家，下雨的时候，端坐在窗台下的书桌前，凝视着窗外的斜雨纷飞，听那地面上滴滴答答地溅出水花的声响。一阵风吹进来，手边的茶杯上方氤氲的雾气便摇曳起来，一缕一缕飘向蜷缩在书桌一角酣睡的猫。

路上的行人撑着各色的伞，从窗前走过。转瞬，世界就静了下来，复听那淅淅沥沥的雨滴敲打树叶的声音。我经常看着听着便出了神，一坐就是两个钟头。没心情写作业了，便去书柜里找几本散文，酣畅淋漓地读起来。那时候，我喜欢读梁实秋的《雅舍小品》、读郁达夫的《屐痕处处》、读纪伯伦的《沙与沫》。尤其在下雨的时候，四下无人叨扰，安安静静地，只有翻书的声响和猫在半睡半醒之间喉咙里发出的微弱的喵叫。于是我摸摸它的头，它又乖乖睡去。

现在下雨时，我已经很少能恣意妄为地做自己想做的事了。每次说到忙，都无比的惭愧。一是这么些年也没忙出什么成就，二是“忙”字，乃“心亡”也。我是一个不能忙的人，一旦手边的事超过三件，我便会异常不安。于是每一次忙完手边最紧急的事，我便会不顾一切给自己放个假，哪怕一两天，哪怕几个小时，也是对身体和灵魂的安慰。

前几日，我逃到一座小城，躲在屋里听雨，日子全然脱离了指针的操控。窗外的雨渐下渐大，远处，迷离之中竟升腾起烟霭般的雾气。我随手拿起了莎士比亚的《罗密欧与朱丽叶》，当看到罗密欧因恋爱的苦恼而叹道：天，我简直度日如年（Ay me! Sad hours seem long），我却因为这难得的片刻之闲而倍感不满足，宁静苦短（Tranquility is too short to be little）。

也许，我们真没必要把自己过得像个陀螺。疲惫到无望的人们也许不妨停下匆匆步履，放下一切，找个地方，不带电脑，关上手机，听风赏雨，喝茶看书，自在如你，再躁动的世界亦无法撼动你半步。人生恰如修行，大多时候，修的不过是心境。

讲课

一入小寒，天还未回暖，就又湿冷回去了。天终日灰蒙蒙的，像远嫁边塞女子的脸，读不出任何的悲欢。这样的天气，出门不是个明智之举。缩在家里，烤不了炭盆，只能在空调和取暖器旁簇着。

如今，我觉得讲课是个体力活，但我看了季羡林的《民国的那些先生》后，里面提到清华大学的叶公超教授在上“西洋文学史”时的情景，他讲《傲慢与偏见》（Pride & Prejudice），教学法离奇，一无讲授，二无解释，而是按学生座次每人念一段，念多长随先生兴致，一声停（Stop）方止，先生问，有问题没？如无，学生可继续念下去。若有人敢斗胆提问，先生则大喝，查字典去！全班肃然，从此之后，天下太平。

我突然想，若叶公超教授活在今天这个年代，会是怎样的境遇呢？

旅途

旅途从来都离不开落在心里的恬淡。坐一列普通的K字头火车，在冬日的下午穿梭在业已枯黄的田间路旁，右侧的夕阳躲在一片浸红的云彩后面，少顷滑出，趺在一排排凋零的枯树之上悬挂着，橘红？橙黄？我想象不出调色板上用哪几种颜色能调兑出这样摄人心魄的美。在这样的光晕映射下，听一首有些黯然忧伤却直抵内心的小提琴曲，还真应景。夕阳之赏，半在景，半在境。因为沉淀，也因为短暂。不久，落日便已坠入地平线之下，等待明早的新生。

春之美

春之美，尤在早起，择一临山傍水之处，选任意一地徒步，绿意满目，青草的芬芳沁人心脾，驻足深吸。林间鸟儿吱喳不停，像是演说，我听出了韵律和欢欣；又像是对歌，你方唱罢我登场。时而风来，吹得树叶沙沙作响，眼前或红或绿或紫或黄，颜色鲜艳得像是画笔在调色板上的雀跃。在几块大岩石上坐下来小憩，一座精致的拱桥在一片碧水青山之中横亘着，绿林簇拥，湖面如镜。

微风乍起，看到了“吹皱一池春水”的江南之风。这是春之美，它没有冬之寒彻，秋之萧瑟，夏之炽烈，它有的，是让人置身其中不愿离去的放松与舒适，如画春色里，可以信步闲庭，看云卷云舒，品茶浓酒浓。也可以远足山野，闻百鸟之啼，赏自然之色。难怪林徽因说最美人间四月天呢。

你心里住着一个情绪小人

英国作家毛姆在《河之歌》（The Song of the River）中描述为生计终日在河边劳苦的船工全部的生存慰藉，只是下工后拖着一身的精疲力竭，回去着食果腹、卧榻吸烟的自我麻痹。很多人常把抑郁挂在嘴边，其实，许多人的抑郁不是真抑郁，只是感到不开心不如意而已。最深的抑郁者并不知道自己抑郁。他只是没有希望、没有志向、没有念想、没有目标，在一个永世看不到光的地方苟延残喘，活一天算一天。英国散文家托马斯·德·昆西说，抑郁是无法治愈的深度绝望。

像毛姆笔下的纤夫船工，只是第一层的抑郁，生活卑微、缝隙生存，没有时间思考及改变未来。精神病学创始人克雷佩林说，抑郁是梦境般的妄想和幻觉。这是第二层的抑郁，像凡·高的疯魔、毕加索的冷酷、海涅的悲伤、贝多芬的痴狂、瓦格纳的疯癫。

其实，大多数人的思考维度根本到不了第二层。只是很多人并不知道自己在第一层，我们都在娱乐至死的当下苟且。麻木，是对人生最大的无可奈何。所以，认真学习也好，努力工作也罢，一直保持前行的姿态，都是不让自己堕入深度绝望的无底洞，不让自己万劫不复。

我的休闲时光

我打开音响，让异域风情浓郁的法语歌曲破世而出，打破这份不同寻常的宁静和思绪。此间音乐于我的疗伤，丝毫不亚于16世纪以来人们对甘汞的疯狂迷恋，只是区别是前者确有疗愈，后者实为毒蛊，只是当时的人并不知道而已。后知后觉一直是我们人类最鲜明的标签之一。

我在拉窗帘时，看着高楼林立中星星点点的万家灯火，手突然停住，心里五味杂陈，橘黄的暖色调其实令人慰藉，却为何像卖火柴的小女孩划燃最后一根火柴后的美好幻象呢！街道上空落落的，偶尔有几辆车驶过。于是，我干脆靠飘窗而坐，把窗户打开，让风吹吹，凉爽不少。我突然想起《纸牌屋》中那个经常靠在窗边和妻子共抽一根烟的弗兰西斯。他思考的是权谋，我望去的是虚无。多少人盼着风和日丽岁月静好，哪天一起吃饭压马路；我在憧憬一切复归熙攘时，我可否去西欧的僻远小镇，依山临海、晨露暮雨地住上半个月。日子的朴实魅力，都浸酝在我们此刻经历的点滴里和翘首以盼的等待中。

夜了，晚安吧。虽然，生活中并不是所有人都值得你道一声晚安，毕竟这样浪漫温暖的夜间祝福，还是适宜留给亲人、挚友或情侣。

莎士比亚在《罗密欧与朱丽叶》（Romeo and Juliet）中写道：

Good night, good night! Parting is such sweet sorrow, that I shall say good night till it be morrow.

晚安晚安，离别是如此甜蜜的凄清，我真要向你道晚安直到天明。（朱生豪译）

娱 乐

百鸟朝凤：正在消失的民俗技艺

这段时间心闲，电影看得频繁。我一连看了十部电影，直到《百鸟朝凤》，我才觉得看了一部真正的电影。吴天明导演拍这部戏的曲折与辛酸，不禁让人唏嘘感慨，也使人钦慕和尊敬。

一把唢呐，一群匠人，一个镇子，中国传统文化的传承已经走到了丢失的边缘，唢呐匠人在当今世界和社会里举步维艰地传承着民俗文化。若你避开汹涌的人潮，去趟陕北，亲身感受一下大风黄沙下的黄土高坡，看一看那独守沧桑的古城墙，趟一趟那无尽贫瘠的山沟沟，和当地善良朴实的老乡唠两句，就几个小菜喝一碗小米粥，吃几个蒸红薯，听一段秦腔或是唢呐，你会痛惜中国民俗文化的无奈落败和消失不寻。早年间，中国各行各业的手工艺人收徒弟都是讲究排场、十分严苛的事情。厨师、木匠、漆匠、泥瓦匠都讲究叩师献礼，更不消说画师、乐师、棋师等颇具雅趣的行业了。在这些传统民俗日渐萧条的今日，我们俨然只能靠回忆去缅怀和回味。

我上小学和中学时，因常常帮助近半个班级的同学完成美术作业，被美术老师挑中，去参加了一个美术培训班。据说由名师授课——一位中国美术家协会的大画家。这件事情让我母亲知道后，她很是郑重其事，不知从哪里打听到，这位大画家的妻子与我母亲算是旧识，于是我母亲便拉着我登门去拜师。隐去两家的寒暄不谈，郑重的献礼、叩头之后，老师终于收下了我。七月酷暑，老师和家人在午休，我则独自一个在老师的书房练白描，趴在一个小桌子上，拿着毛笔，很是认真。当时学的是中国画，练的多是宫廷侍女的衣冠裙带，老师说我手不稳，要执笔苦练线条，于是，一幅白描古侍女图、一张宣纸、一个小小的我、一个枯燥的下午。就这样，我练了两个多月的白描，我感到无比厌倦，回到家中告诉母亲说，我不练了，老师什么也不教，就让练白描。母亲好劝歹说，我才极不情愿地回去继续练白描。后来艺考，我的美术专业分数排名全市第二，足见我基础的扎实。只可惜，我并未像我的师兄们一样走上这条道路，我放弃了画画，虽然美院的老师们来我家里劝我再三，但我还是放弃了。虽然我辜负了老师的栽培，不过现如今每当悬腕写毛笔字时，总能想起这段从不向人提及的往事，总能想起那段当时感到无聊厌倦，现在却觉得亲切温暖的学徒生涯。

有了这段经历，在我看到唢呐匠人收徒弟的始末；看到拜师学艺者一家老小毕恭毕敬地赠礼递烟，而为师者端坐于前，不动声色，似是毫无人情；看到学徒跟了师傅几个月，竟然只在河里用长长的芦苇秆吸水，不分阴晴白昼，我丝毫不会吃惊、也不会埋怨为师者端着的范儿。人家赖以生的看家本领凭什么平白无故教给你？就凭几件吃食，几句恭维的话？没听说过教会徒弟饿死师傅吗？不教，是常理；教，是道义。有人愿意把此生安身立命的技艺传授给你，你不该感恩戴德吗？我深深地理解技艺人为自己所钟爱的技艺选择传承人的心理状态。师傅把生存之道传授于你，不仅希望你用来养家糊口，还期望这份技艺在你这里被一丝不苟地传承下去，所谓口口相传、代代相传，说的就是文化技艺与民俗习惯的延续。

所以那一个郑重其事的磕头，师傅是极其看重的，不是为了面子，而是为赢得世人对于这门技艺的尊重。只有尊重，才会被善待。进入师门之后，学徒的磨炼期越长就越辛苦，也几乎可以代表师傅对你寄予的期望越厚重。一则基本功扎实，中国人一直坚信只有异常扎实的基本功再加上名师的悉心指点才能锻造出出类拔萃的传承者。二则师傅通过长时间的磨炼来考验你的德行，没有一个师傅愿意自己辛苦学来并坚守一生的技艺轻易地被一个无德之人给葬送掉。只不过，很多人悟不到这些，更没有这样的耐心与长性，所以不理解者众、放弃者众，坚持者寡。我也算是放弃者的一员，因为它太过艰难，太需要毅力和勇气、热爱和投入，而我只能望洋兴叹、无颜多语。因此我感动于《百鸟朝凤》中学徒学艺的执拗与坚强，不管出于何种理由。性情温良、简单、专注的孩子往往是各技艺人选择传承者的标准。但简单和专注，在眼前这个社会是多么的难啊，而我们又遇到了一个太好又太坏的时代。

20世纪90年代，随着改革开放的脚步，我们单调的世界一下子五颜六色缤纷绚烂起来，迪斯科、卡拉OK、磁带、音像、舞会、家庭影院、电子游戏、手机、电脑、网吧……除了网吧我实在没兴趣外，年少的我，都一一经历了，从未有过的新鲜与刺激、从未有过的欢乐与尽兴。也许正因为我少时的放浪形骸，才有了现在的我的与世无争。所谓物极必反，绚烂之极必归于平淡，想必是一个道理。但不是所有孩子在这样眼花缭乱的世界里浸泡之后，都能如我般全身而退，我想如果不是我有看书的嗜好，恐怕我的人生会在另一条路上越走越远。

认真执拗的学徒终于学成，组班接活，却不想遭遇了我口中所描述的这个时代。人在诱惑面前，几乎是无招架之力的。解开思想束缚的中国人一时间被社会洪流冲到了另一个极端，像高考之后猛然冲进象牙塔的大学生，挣开了多年的桎梏，除了恣意放纵，什么都被抛在脑后。有些大学生幡然醒悟，找到了自己的理想和兴趣，并为此奋斗终生；有些大学生一蹶不振，迷失在了花花绿绿的魔幻和潮流中，并永不见归路。电影里，唢呐匠们面对阵势庞大的西洋乐队和穿着超短裙的歌女，凑热闹的人群一边倒，眼前的眼花缭乱，谁还有心思听那传统的唢呐声？在这样鲜明的画面对比下，心寒的不应只是唢呐匠人。最后，老唢呐匠代徒弟用一息尚存的气力淋漓尽致地吹了一首《百鸟朝凤》，算是一生的谢幕。在徒弟的眼里，老唢呐匠背着手转身走向远方的一幕，有着太多沉甸甸的不甘与期望。

恐怕谁也没有想到，世界竟会变成我们眼前的这个样子。

我母亲给我讲过这样一个故事。我有一个远房亲戚，上了年纪，中风之后就一直在家卧床休养，过了几年，竟奇迹般地能下地活动了。有一次，他自己一个人出门买早点，他走过一个十字路口，一转身，竟不知自己身在何处？老人家对眼前这个已经生活了70多年的城市突然陌生起来，高楼耸立，车流不息，不过几年光景，竟像刘姥姥进了大观园。老人找不着回家的路，就凭着记忆走，不料越走却离家越远，几近走丢，幸好在街上偶遇了我母亲，把他送回去了。又过了几年，这位老人在一次出门买东西过马路时，被疾驰的车撞了，当场死亡。三个儿子结伴跑去理论，肇事司机赔了30万元了事。我不知我的这个远房亲戚是否被厚葬，但他的三个儿子却为了赔偿款分配问题闹得很厉害，后来三家发誓老死不相往来。

这还是那个崇尚“尊老爱幼、妻贤子孝、如兄如弟、人人孝悌”的吾国吗？世界变得太快，我们都应接不暇，何况是一门心思扑在技艺传承上的艺术家和匠人们呢？

他们看不懂眼前的世界。所以那个老唢呐匠的眼神、转身和背影才那样的意味深长。

中国的民俗技艺远不止电影中的唢呐，我犹记得我的童年时光除了无尽的疯玩外，还有两件事亦是我的钟爱。

其一是看小人儿书，图配文，有水浒、三国、西游记、青蛙王子、白雪公主、匹诺曹，我像着了魔似的，看到半夜都不睡。不久前，我在街上看到有摆地摊的卖小人书，有单本的，有成套的，年代感十足，我拿起一一翻了翻，知道不是正版，但依然喜欢得不行。插图和文字的印刷都很清晰，纸张也很好，五元一本，我一口气买了20多本。我回到家中，后悔不已，觉得买少了，每天翻阅，不亦乐乎。

其二是吃糖食儿。我上小学时每次放学，头一件事就是跑到卖糖画的摊儿前，看着糖画师傅拿着一勺，在锅里舀起融化了的糖汁儿，飞快娴熟地在石板上画出形态各异的人物，有孙悟空、猪八戒、林黛玉、虎狮熊豹……每次看着师傅创作完毕，我比糖画师傅更兴奋更有成就感，每次我都会把糖画举起来，盯着看半天，才小心翼翼地舔上一口。

当然，还有姜糖、酥果、麦芽糖。对了，还有捏糖人儿——那造型栩栩如生，我哪里舍得吃，买回家收集起来，一一排好，这东西能放很久，虽然时间长了会失色，也会走样，但不会影响观赏效果。后来，我骄傲地发现好像没有在我们家找不到的糖人儿造型了。我的小学时代几乎就是靠它们支撑过来的。前几年，我在太原，和一群朋友吃完饭，走出饭店，那时候已经很晚了，在冬日的寒风中，我看见了一个捏糖人的人，我执意去看看，师傅说，15块钱一个，我指着我们一群人说，师傅，给我们每人捏一个。一是我太兴奋了，好多年都没看到了，想买回去收藏。二是我想让他早些回家，北方的冬天零下十几度，真不是一般人能抵抗得了的。那次之后，我再也没在街上看到过卖糖人儿的，更别说糖画儿了。

现如今，我要到去哪里寻找这些已经消失了的技艺和欢愉呢?

我不懂乐理，也许无法切身体会唢呐匠人们对于传承了几千年的唢呐技艺在自己这一代人面前消失的痛心疾首，但我真的可以感知这些匠人和手工艺人面对眼前这个世界的百般无奈。

别说老北京的箧匠、剃头匠、杆秤制作……苗族的染布、织锦、夹染、蜡染……就连皮影、瓷器、毛笔、砚台、雕版、银器、剪纸、雕花、彩塑、蛋雕、贝雕等等一样境遇堪忧。甚至还有太多太多的我们不曾记起，甚至不曾听闻的传统技艺正在或者已经在我们面前消失了。

终有一天，我们会明白，我们日益损耗的是自己赖以生存的家园，我们亲手抛弃的是再也追寻不回的老祖宗们留下的宝贵财富。若我们缺失了传统民俗和手工技艺，偌大的中华何来文化的完整？若我们缺失了文化，中华文明如何绵延5000年无断代？

《百鸟朝凤》不是一部电影，而是一种执着、信念和唤醒。

那年七岁：看见自己

《那年七岁》（7 Years）是丹麦卢卡斯·葛拉汉乐队于2015年9月18日发行的歌曲，歌曲由卢卡斯·葛拉汉、斯特凡·福雷斯特、莫顿·里斯托普、莫顿·皮尔盖德创作，收录在卢卡斯·葛拉汉乐队的专辑《卢卡斯·葛拉汉》（Lukas Graham）中，由哥本哈根唱片和华纳唱片共同发行。《那年七岁》发行后在全球十多个国家的音乐单曲榜登顶，并在美国《公告牌》百强单曲榜位列第二名，这是卢卡斯·葛拉汉乐队首支进入该榜单前五名的单曲。

音乐无国界，纵使语言不一、文化不同，世界各地的人却能在同一首乐曲里找到共鸣，而后被深深地感动，仿佛在一首歌曲里经历了一番浴火重生。犹如你在丹麦，我在中国，却好像近在咫尺，只有一首歌的距离。

每一首经典的歌曲都是一首诗、一篇文、一个故事，甚至是一个人走完了一生的深深浅浅。这首歌并不抒情，歌词像是一首年代叙事诗，但却完完整整地宣泄了内心藏匿的全部情感，让你不自觉地迷失在不断更迭的回忆中。

那一年，那一天，那一人，却成憾。

难怪英美乐评者对于这首歌的风靡给出了这样的评价："人们在歌曲里看见了自己的影子。"（People can see their own lives in the song.）没错，几乎所有成功的音乐作品无一例外都会让人产生无限共鸣。在这样斑驳的年代，哪怕一行诗、一篇文、一首歌，如若遇见的恰到好处，都能让我们业已枯寂的内心不禁轻轻摇曳起来。我们需要这样的慰藉，需要给绑缚的灵魂找到一个出口。和所有成功的音乐作品一样，《那年七岁》旋律简单、朗朗上口，适合传唱。虽曲风干练、却略带悲思。大多数伟大的作品的创作灵感并不是那么令人愉悦。文学如是，艺术如是，歌曲如是。正如许多人突然猛醒和刹那成长的背后都有一段不能言说的失去之痛。这首歌的主唱卢卡斯·葛拉汉坦言："父亲的离去让我有了创作这首歌的灵感。"（Of course my father's passing plays a big part in the song for me.）这句话听来，总觉得哪儿不对劲。一首歌成就了一个歌者，捧红了一支乐队，这是好事。只是，我们谁也不希望自己的成就是借由亲人的离去换来的，虽然这是真实发生的。卢卡斯·葛拉汉说："如果我的父亲还在世，恐怕我至今还是个游手好闲的花花公子。"（If my father was still alive, I'd be a single guy hunting for women!）这样看来，父亲的离去并不是一件糟糕的事情，它至少唤醒了自己、拯救了自己、成长了自己，只是这个成长的代价太大了吧？但不管怎样，儿子成长了，不再浑浑噩噩地度日，懂得了人生的意义。在遥远的天堂，想必父亲也会欣慰地微笑。

卢卡斯·葛拉汉还说："他的离去让我想明白生活可不是整日瞎混，还有更多重要的事情，比如做个好父亲，不论何时。"（His passing made me realise there are more important things in life than getting laid — like being a good dad, whenever that happens.）没错，做个好父亲，一个简简单单的理由，是卢卡斯·葛拉汉从过去的蛮荒中挺立起来的支撑点，是他对未来生活的期待与向往，正因为此，我们才能听到这样打动人心的歌曲。

也许，你我都有那么一段叛逆抗争、放浪形骸的曾经，我们把这样的日子谓之青春，于是我们高举青春的大旗，做过太多无知的事情，成年后在偶尔的杯觥交错中，突然想起那些陈年旧事，竟觉得是那样的荒唐、滑稽和不堪。无奈莞尔，内心五味杂陈。放下酒杯，你拿起外套，不言无语，一头钻进凛冽的寒风里，径直往家去了。

你终于长大了。

其实，所有的成长不都是一刹那吗？哪有那么多的矫情，在这首歌里，你仿佛走完了稚嫩的童年、不羁的少年、热血的青年、沉稳的中年，直至步入沧桑的老年。耳旁，母亲的唠叨，父亲的训斥，像是黑白色调的歌曲MV里抛向天空的那些碎纸片，充斥了整个画面，留下了难以忘却的记忆。

灵魂歌者，是把歌唱到了你的灵魂深处，思绪满怀，一滴回响，漾起一生。

阅读

我初读外国名著时，还在少年不知愁滋味的初中，我每天躲在如山高的书垛后面，旁若无人，如痴如醉地阅读。窗外，那棵硕大的榆树已翠绿欲滴，我便知冬逝春至。课堂上，老师突然走到我的身旁，幸好我反应敏捷，早已端坐。老先生从眼镜后面瞪我半响，后一言不发地转身离去。我复又低头沉入小仲马、雨果的世界，淋漓酣畅，如入无人之境。未曾料到，老师故伎重施，把我抓了个现行，书被没收。这样的阅书经历常常被我想起，那些“书非借不能读”的话恐怕不适宜我，那时只怕是“书非偷阅不能读之”。每临毕业，总会到班主任那去取回多年来由老师代我保管的书，未收寄存费，未充公上缴，已是皇恩浩荡。

物质生活的丰富究竟是好还是不好，这是仁者见仁智者见智的事。我倒是懒散了数年，再没有那样一本接一本，两耳不闻窗外事，只知埋头畅读中的体验了。偶尔也读上几章或几页，就被引往它处，因为事情像是永远做不完似的。是的，当你有一天突然明白事情是做不完的，工作是忙不完的，你就会考虑是不是该暂歇片刻。

我们做这些到底是为了什么？有时我会突然地问自己。恰如“人为什么而活”的诘问，也许不是哲学问题、不是禅学困惑，它或许只是你活细致了便会自然懂得的一个似深又浅的生活经验。

《老人与海》里的老头经常会梦到非洲和狮子，那是他美好的曾经和给他无穷的力量的源泉。我偶尔也会梦到与马林鱼誓死较量、与群鲨拼死相搏的老人、也会梦到孤苦伶仃地走在荒野幽暗山峦层叠的小乡村的简·爱。

书是梦想和现实的结合体，更是读者与作者的思想和想象力交汇的地方，你能自如地走进另一个世界，静立一隅，观其一生跌宕起伏。

古典乐

第一次听巴赫是在火车上，后退的窗景强烈地反差出不一样的布兰登堡，像是战争之后废墟上绿意盎然的生命奔突。不似勃拉姆斯的恢宏深沉，不似德沃夏克的欢愉自得，和沃恩·威廉斯的《绿袖子幻想曲》带给我的欢愉如出一辙。也是下午四五点的光景，阳光射进教堂一角，打开落灰已久的钢琴，世界即刻安静平和。

闭上眼睛，我在这里，又不在这里。二维空间关不住四维灵魂。有着民谣的基因，法尔斯塔夫的闹剧却被奏出了温莎风流女人们之外的青春悸动。再听一听《绿袖子幻想曲》，你整个人都会欢欣雀跃起来。

旅行

一个任由日子和金钱从指尖流走的地方

要不是有两日的自由行，这趟巴厘岛之旅怕是要和去年的日本之行一样令人失望了。我愈加觉得，旅行这件事儿，只有自由行，才能体会行之乐趣。若不提及巴厘岛令人费解的强行小费制、破落的断墙残垣、灰头土脸的房舍、无孔不入的印尼香水味和炒饭，这样的一个地方，可谓天堂。我从小就对海有无限的痴迷，看到一望无际的蓝色大海后，各种不快立刻烟消云散，拎着鞋，踩在松软的沙滩上，看海浪从远而近，层层推进，直到浸没脚踝和膝盖。面海而立，刹那间，心事全无。碧海、蓝天、白云、阳光、沙滩……都是上天最美好的馈赠。

金巴兰海滩以烧烤（BBQ）和日落闻名。坐在细软的沙滩上，欣赏绚美的日落，悠闲地享用浪漫的烛光烧烤晚餐，不远处烤玉米的熏香、当地“F4乐队”的纵情欢唱、舞台上伴随古老乐曲律动的印度舞者，都为这里的夜晚增添了无限绵长的味道。站在海边，那伸手可及地带着橙色光晕的残阳，在海天相接之处慢慢地悄然溜走，只余一片被晚霞染红了的天际。

梦幻海滩（Dreamland Beach），你一踏上这海滩，就会发现，它绝不是浪得虚名——细腻金黄的沙土、一尘不染的蓝天、辽阔的大海、汹涌澎湃的浪，引得不少人在此尽情冲浪，这是一个让旁观者看着分外紧张，当局者感到无限刺激的冒险项目，你可以去尝试，也可以驻足欣赏。

海神庙（Tanah Lo），庙建在海边高耸的悬崖边的一块巨大的岩石上，始建于16世纪，是当地人用来祭祀海神的庙宇。我觉得这是一个兼具祭祀朝拜和海浪观景的好地方。听说，每逢潮涨之时，岩石会被海水包围，整座寺庙与陆地隔绝，孤零零地矗立在海水之中，只在落潮时才与陆地相连。站在海边相对开阔的岩石上，岩石间大大小小的水洼和大片大片的海藻证实了这一点。

乌鲁瓦图断崖，又称“情人崖”，传说有一对深爱彼此的青年男女情定终身，却遭到双方父母的反对，于是两个人来到这高耸陡峭的悬崖边，纵身跃下，为爱殉情。为了感受一下那对青年男女跳崖前惊心动魄的时刻，我决定冒险前往，一口气走到悬崖边，见身前险峻之崖、眼前壮阔之海、景色美到令人窒息、心跳得像要奔突而出。距离悬崖边还有半米，便再不敢挪步了，真怕一不小心掉下去摔个粉身碎骨，虽可葬身绝世美景，终是可惜。遂坐在悬崖边，心跳持续加速，看有老外依崖边而睡，吓得我不敢再看。想到若在这悬崖边上坐一晚，体验一把绝美与生死，怕是会看淡很多事情。我终究是活得不够洒脱，见暮色已近，我便起身离开了。

翌日一早，我去了巴厘岛最大的教堂，恰逢星期日，赶上了弥撒，于是参与了一把，因时间所限，未尽便出，之后去了蓝点酒店（Bluepoint hotel），在此处游泳意不在游，而在伏于池边静看眼前一望无际的大海，而看海者又成为入镜者，池与海连为一体。我佩服这家酒店的设计师，如此懂得取景借景，从池的这边放眼看去，池的那边与海相融，仿佛人是畅游在无边无际的蔚蓝大海之中。

潘达瓦（Pandawa）是正在开发的海滩。脚下的沙石踩上去会有些许不适，但当我站在海水之中，近处的浪花阵阵袭来，不远处能清晰地看到旋风般的浪潮从一侧迅速推向另一侧，像极了飓风和海啸的征兆，一时怔住，浪潮突然袭来，湿了半身，忙退至沙滩上，突然对大自然心生敬畏。

巴厘岛，海之地，适合心向往自由的人，在海边躺着，淡漠时间和岁月，任由日子和金钱从指尖流走，只尽情享受无限的阳光和沙滩。

梦里的陕晋

我的生活可分为工作和非工作两种状态。前者占了一大半，后者略占一小半。工作状态无非是上课、备课，围着学生转。非工作状态就在家中休息、陪伴家人和读书，外出旅行，喝杯茶或喝杯咖啡、逛街、打球、爬山。在为数不多的非工作时间里，我养成了远离电脑的习惯，甚至偏执到关机。

我这次旅行本是为陪家人去趟西安。但我作为一个此前没深度游过西安的人，绝不会甘心只作陪，所以我决定挤出三天时间到处逛逛。为什么是三天，而不是两天或是一天呢？原因有三：一是西安的历史太厚重，怕浅薄的我走马观灯似的游览，辱没了丝绸文明和古都威严；二是陕北是父辈和祖辈口中时常念叨的红色记忆，我至今未曾领略；三是我曾在山西工作过三年，离开时有三处未至的遗憾——壶口、大同和榆次，有了去延安的想法，就想着离壶口瀑布近，虽季节不太合适，但也执意想去了此一愿。

从武汉坐高铁到西安四个小时，从西安坐动车到延安两个小时，也就是说，从武汉到延安只需六个小时，这在十多年前是难以想象的。我从武汉出发，经河南到陕西，一路上从初春的绿意乍现到荒凉的山脊、光秃的树枝和满目的黄土高原，从中南到西北的视觉推进，像是一架摇摇晃晃风烛残年的胶片电影放映机，慢慢地带你回到老一辈的年代。

延安的火车站挺气派的，也很有特色，不愧为革命圣地。我一出站，就有老乡挎着篮子问："旅游的吧？买点枣儿？"我冲着他乐，说："不是的，老乡，我是来参加革命的。"其实，延安并不是一个旅游胜地，因为它一无令你叹为观止的风景，二无让你沉吟遥思的人文历史景观，这里除了数不尽的革命足迹、一刮风就席卷漫天的黄土之外，就贫瘠得几近一无所有了，但这丝毫不影响我对于这片土地的好感和对曾经怀着坚定的信念艰苦抗争的革命者们的钦佩。如果说，来这里之前，我对革命和延安并没有多少深刻的认识和理解，那么今天，当我站在这里，目睹了北京、上海等一线城市的繁华之后，看如今的革命圣地只发展成今天这个样子——苍凉萧索、贫穷落后、饮食单一、商品匮乏、环境恶劣……你会想，曾经的这里是怎样的一幅景象？当年若是我在此，面对漫天风沙的黄土地，衣食无着，我的内心会是怎样的无望？再多的豪情壮志和诗情画意，都会荡然无存吧！一时间，让我肃然起敬，在内心放下了好些不能释怀的事。

从延安去壶口瀑布，约三个小时大巴车程。途中经过一个叫“南泥湾”的地方，不知你是否听过“花篮的花儿香，听我来唱一唱，唱一呀唱。来到了南泥湾，南泥湾好地方，好地呀方。”这就是当年那个“陕北好江南”的南泥湾啊，我喜欢这个地方，和其他人下车找厕所不同，我则直奔附近的村子，各处转悠。陕北的早晨，气温较低，冻得我瑟瑟发抖，我便学当地人，把两手插在袖子里，以御寒冷。我在村里买了些小米，颗粒饱满，色泽深黄。

壶口瀑布是中国的三大瀑布之一。看到壶口瀑布的一刹那，我顿时欣喜不已。不仅是这瀑布，这山、这天、这水，都有一种荡气回肠的美。黄河之水汹涌而下，在这里汇集，有一种“一石激起千层浪”的壮观。此处形似壶口，故而得名。壶口瀑布一半在山西，一半在陕西，陕晋共享此处盛景。不可避免，这里也沦为了旅游景区，人头攒动，相应的生意也应运而生，我看到一头驴，头戴黄花，站在一旁，无人问津。我走上前去，摸了摸它，它抖了抖身子，吓得我忙退了两步，生怕它踢着我。但它却是很温顺地蹭了蹭我的胳膊，我又摸了摸它，我走时，它还跟了我几步，后被绳子拽住了，不得已退回去，默默地目送我离开。坐在黄河边的石头上，望着眼前的蓝天、黄土、飞瀑，有些不忍离去。

从陕北回到西安，回到了一路上都在惦记的广袤的黄土高原。

西安的美，需要退去汹涌的人群，站在古城墙的一角，才能慢慢欣赏，任思绪纷飞。那时，你所看到的就不再是破败残缺的兵俑和每一处景点的人流不息。不管是在骊山之巅、古城之中、华清池里、法门寺内、大雁塔之下、还是在碑林之间，你绝不会忽略那秦时威仪和大唐盛姿，也绝不会揣摩到帝王内心的孤独和恐惧、困惑与抉择。这座十几朝古都的厚重积淀，不是你我三言两语就能品出来的，它需要你沉浸其中感受，并聆听历史的回音。

而被很多人盛赞的回民坊小吃，恕我不敢苟同。如果你也同我一样，吃惯了武汉各大街小巷的美食，想必就不再会对其他食物垂涎三尺流连忘返了——来一碗襄阳牛杂面，配上热腾腾的黄酒；或是来一碗热干面，配上孝感米酒；要么来一份三鲜豆皮，配上五芳斋汤圆；再不行来一笼汤包，炸个面窝，喝一碗豆腐脑；或者就着豆浆，来个五香锅盔算了。也许你吃完了这些，就再也不会惦记回民坊的炒米、汤包和肉泡馍了。

西北的干燥让我毫无招架之力，喝再多的水也无济于事，虽然我在北方待过多年，可对这里的干燥还是接受不了。最明显的感受是回武汉的那一天，干裂的嘴唇一路上慢慢地舒缓，一出车厢，顿时觉得空气是清凉湿润的。

不管怎样，西安这座古都呈现给我们的永远不是它本来的样子，隐于人潮鼎沸之下，它安安静静地等待懂它的人，慢慢走近，轻轻掀开，虔诚站立，一睹它那耀世之荣。这座古城，该在少人时来访，天地之间，只你与它，你们的对话，默于心间。可是，哪有这样的时候？

其实，你改变不了眼前的世界，你只能改变你的内心。让心静下来，才能欣赏到他人看不见的风景。

漫游伦敦

我从小就在脑海里无数次地幻想过未来能在这两个学校读书的情景——北京大学和牛津大学，不料世事难料，少时的无知懒惰，终让我与它们失之交臂。在我成为老师之后，数十年如一日地备课，玩命地上课，因为我不想成为一个教学无能而泯灭了学生求学梦的老师，我要燃起他们的梦，哪怕我只是一个培训学校的老师。只是在这种跟自己较劲的过程中，常常过度透支身体，因为嗓子完全失音而被迫停课或调课是常有的事，有时候还得顶着风雨去教室给学生当面道歉，风雨太大，伞已无用，回来衣襟湿透。2009年，我在太原工作，突然又想去留学了，申请递了出去，等了好久，终于等来了纽卡斯尔大学（Newcastle University）的录取通知书，鼠目寸光的我觉得纽卡斯尔大学名气不够大，排名不够靠前，心里想去牛津大学（University of Oxford）和爱丁堡大学（The University of Edinburgh），于是果断拒了纽卡斯尔大学，拒得大义凛然，拒得好像自己真的有情怀和灵魂一样。后来因为各种原因，我哪儿都没去成。回溯过往，这些年我不知道做了多少件特别傻的事——离开待遇优厚的外企、婉拒公立小学副校长的职位、谢绝某部公务员的职位……算了，不说了，说多真想抽自己。再后来，就没再燃起留学之念，但对牛津的惦念始终压在心底，偶尔涌上来，又被我强压下去，再不去想。后来有机会去英国访学一段时间，实在是满足了我的小小心愿。

我们一行人乘大巴到达武汉天河机场，等了几小时后，终于登机，在上海浦东国际机场转机，而后落地在伦敦希思罗国际机场。14个小时的飞行，坐得我膝盖疼痛，数次到舱后活动筋骨。我们被安排的住处是寄宿家庭，一开始对住家很有期待，到了后赶快调整活跃的思想，房东不是想象中的样子，饿得我饥肠辘辘，也只能洗洗睡了。这是一个叫温切摩尔（Winchmore）的小镇，小镇很漂亮，步行到火车站只要3分钟。

我们这一行人运气不错，两个星期的学习期间，多数时间不下雨，都是难得的阳光明媚的晴天。从14号到27号，我们每天上午9:00到下午3:30是上课时间，当然中午12:00—13:15是午餐时间，下午4点之后就是户外活动时间了。第一周校方安排了户外活动，第二周我们自行安排。国外上课形式与国内截然不同，不是以老师讲授为主，而是以学生讨论为主。师者有年长的杰克（Jackie）和年轻的西蒙（Simon）。杰克的辩论式教学和故事教学令我印象最深刻。辩论式教学我个人比较推崇，因为这是目前国内很稀缺的一种教学方式，一个小组内大家持两种对立的观点，以有理有据的方式进行辩论，全程录影，之后回看学习和了解不足。激烈的辩论过程我现在回想起来都感到振奋，何况是当时参与其中呢。讲故事教学的方式分为两种：一是以自己的生活和经历（亦可胡编乱造）来描述一个故事，重点是体现某一个语法点，比如一般过去时。二是每个人讲一个童话故事，讲完后学生分组进行复述，其要义也是体现，并不断强调和练习语法点。本来我以为讲童话故事的教学方式会非常不适合成年学生，后来竟发现连我们这样的成人在复述的过程中也玩得不亦乐乎，好些事情若不是自己亲身体验和感受，还真没法准确预判呢。西蒙的课很受欢迎，我至今都在思考，他是怎么把那么多有趣而又实用的活动引进教学的。小到字母的辨认、单词的拼写，大到听说读写能力的习得，在他的课上永远都是这一群大人们在教室里开心地蹦来蹦去。让我印象最为深刻的是词汇的学习，他会通过对一个单词的描述来增加我们对这些词汇的认识，全班分为两组，各组每次派出一人对垒，背对白板，由老师在白板上写出比较难理解的单词或词组，由各组成员背对白板，面朝两个挑战成员进行解释，但不能说出该词组，只能用英文解释，先说出正确单词和词组的一方获胜。

那些户外活动和自行安排的时间都让我激动不已，因为我终于有机会一睹那些耳熟能详却未能一见的风景和地方了。

市区徒步 (Sightseeing)

我们的行程是在伦敦市区徒步观赏，从温切摩尔出发，走街串巷，一路听当地导游介绍主要建筑及其历史，走到大本钟才结束行程。现在回忆起来，主体感受是被寒风吹得想立即回中国。人在食不果腹衣不蔽体之下是感受不到世间的任何美好的，我深有感触，虽说得夸张了些，但在冬日的温度里穿着春装，而身边的英国人却大多裹着羽绒服。当我在大本钟下瑟瑟发抖地仰头观赏时，竟发现有穿短裤的小伙子跑步经过，顿感时空错位。

大英博物馆　(The British Museum)

大英博物馆离温切摩尔很近，步行十多分钟就到了。博物馆的正门，在巨大的浮雕之下，有八根气派恢宏的罗马式圆柱作为支撑。我平时偶尔也会去各种博物馆和美术馆，好像我都能看懂些什么似的。但在大英博物馆，我彻底震撼了。大英博物馆有藏品800多万件，人类文明发源地巴比伦、印度、中国和希腊的珍贵文物在这里比比皆是，被誉为世界三大博物馆之一。这规模真不是盖的，实在太大了，走马观花地把史前及欧洲馆看完已经用了一个多小时，照这速度看下去，我明天早上可能还在古希腊馆、罗马馆和埃及馆呢。狡黠的英籍匈牙利人斯坦因从愚昧的王道士手里前后三次骗走了包括珍贵写本、佛教绢画等在内的20000多件异常珍贵的敦煌文物及文献，我心痛得想直奔中国馆看看。敦煌，是太多中国人的痛。我一直不敢走近敦煌，怕站在那片早已荒芜的土地上，依然能清晰地勾勒出英国窃贼斯坦因和之后在敦煌疯狂盗宝的法国人伯希和的嘴脸，怕自己心痛得无法站立。我怀着沉重的心情走进中国馆，迎面而来的是令我瞠目结舌、造型华丽、色彩夺目的中国玉器，从新石器时代开始，近7000年的珍宝皆藏于此。坦白地说，看到这些玉器，我才觉得自己生平第一次走进博物馆。如此造型、图案、纹路、光泽几近完美的艺术品，我是平生首次得见，却是在异国的土地上，内心真是五味杂陈。在中国馆待了半个小时，心里像被石头压着，出来后再没心情看其他，经过埃及馆时扫了两眼，径直离开了。一路上，我一直在安慰自己，也许这不是最坏的结果，好在这些珍贵的文物都被精心保存下来了。

圣保罗大教堂 (St.Paul's Cathedral)

到达圣保罗大教堂时已下午五点半，我命好，遇上了做弥撒，居然没收门票，我就进去了，教堂不允许拍照。圣保罗大教堂是我见过的最大的教堂，恕我没见过世面。它是世界第五大教堂，是英国第二大教堂，也是世界第二大圆顶教堂，始建于公元604年，后经多次毁坏、重建，由英国著名建筑师克托弗·雷恩爵士(Sir Christopher Wren)设计，于17世纪末竣工落成，花了他整整45年的心血。圣保罗大教堂是伦敦的宗教中心，建筑为华丽的巴洛克风格，覆有巨大穹顶，高约111米，宽约74米，纵深约157米，穹顶直径达34米。塔顶是眺望伦敦市区的绝佳地点。1981年举行过戴安娜王妃与查尔斯王子的婚礼大典。教堂内还有一个雷恩的墓碑，上书：If you seek his monument, just look around.（如果你在寻觅他的纪念碑，只需要看看周围。）

圣保罗教堂我是一定要来的，本来想给信仰天主教的母亲带些礼物，但眼前的仪式隆重庄严，大家神情肃穆，在这样太神圣的地方，我未敢吱声，也不敢上前询问。我便一声不吭虔诚地站立着，认真地听了半天，发现没怎么听懂，后来不想惹耶稣生气，就默默地出来了。

从教堂出来，在一家日本料理店吃了晚餐，味道不错，菜很精致，但价格不菲。走出料理店，在日暮黄昏下，我在教堂旁边的广场上，看到一个女孩在市井喧嚣中安静的教堂一角看书，感动油然而生。

牛津大学 （Oxford University）

我们是坐火车去的牛津大学，到牛津市已是下午1点多了。从火车站步行到牛津大学，跟着导游逛了1小时后，队伍解散，各自解决午餐。虽然在寒风凛冽中，我还饿着肚子，然而这就是我自小魂萦梦牵的牛津大学啊，从下火车那一刻起，我的心就陡然庄重起来。我开始变得像小学生一样听话，认真仔细地听导游的讲解。我对牛津大学的崇拜远远超过了剑桥大学。

正因为这样的听话与规矩让此行成了我英国之行的第一大憾，无论是最古老的莫顿学院(Merton College)，还是闻名的皇后学院(The Queen’s College)，抑或是新学院(New College)、莫德林学院(Magdalen College)、瓦德汉学院(Wadham College)，怕听介绍时拍照会显得对导游不尊敬，我都顶着凛冽的寒风极其认真地听导游讲解每一处建筑的历史及其辉煌的故事，以至于几乎未留下一张这些学院的照片，我以为匆匆赶路的讲解之后会给足够的时间让我们在这样的顶级名校里走一走，感受一下。结果发现，我犯了一个大错，讲解完后，不到1小时的吃饭时间，快饿昏了的我和同行的人一起去寻找可口的东方菜系，兜了一大圈，以为无果，正想放弃，准备用炸鸡、薯条来对付午餐时，在一拐角，却发现了中国美食广场，我的天啊，这是牛津大学吗？我们立刻如狼似虎，先吃了上海生煎，后吃了陕西臊子面。事后回想，那碗面不过是一碗用白开水煮的面条，起锅后加了半勺有肉有菜的臊子，其实味道和国内不能比，但却是国内价格的10倍，但怎么就那么回味无穷呢？有一得必有一失，午餐吃的比之前吃的任何一餐都满意，都便宜，但为此付出的代价却是没时间细品牛津了。饭后步行至集合地点基督教会学院(Christ Church College)已是下午3点半了，等人齐后，我们开始参观这座牛津最大的学院。如果不是在这里又待半个小时，我的牛津之旅真是遗憾至极了。好在这个牛津最大的学院稍稍弥补了我的内心之憾，基督教会学院最引以为傲之处就是在近代200年内产生了16位英国首相，这里有土黄如金砖般、外形如欧洲古堡般的建筑群落，古色古香的回廊和声名远扬的大教堂。站在这样有历史年代感和浓郁学术气息的欧洲建筑群中，竟恍惚自己身处中世纪的英国。教堂圣坛旁边名为圣凯萨琳之窗(St. Catherine's Window)的彩色玻璃窗让人产生如梦似幻的感觉，这里也是电影《哈利·波特》的拍摄地，难怪如此的熟悉。我在教堂里转了一会儿，就不得不离开了，因为我们要赶最后一列火车回伦敦。抱着满腔的遗憾和无比的失落，我们往火车站走去。我就这样与牛津辞别了，它庄严得如一满腹经纶的老者一般伫立在那里，默默地观我远去，直到我的背影消失在他的目光里，直到我再看不到他。

我太不舍牛津了，若再有机会，我一定要在这里住上几日，我向自己保证。

剑桥大学　(Cambridge University)

我终于要去著名的剑桥大学了，因为之前在牛津吃了亏，所以我今天计划脱离组织，成为团队游当中的一个自由行者。后来发现，事与愿违，最后还是乖乖地跟着团队游览。去剑桥的这一天与想象相去甚远，也许是因为牛津在我心里有不可撼动的地位，也许是因为这天的寒风能透彻到人的骨子里，也许是因为剑桥大学国王学院的参观项目被临时取消，总之，这一天的游览显得相对寡味。

我们在伦敦国王十字车站（Kings Cross）等火车的时候，再次看到了《哈利·波特》的取景地——那个通往霍格沃茨魔法学校的九又四分之三站台。那些熟悉的站台、熟悉的画面，那些不真实的场地，原来是如此贴近我们的生活。

我们下了火车，步行至剑桥大学。剑桥风景优美，学术氛围浓厚，比牛津有过之而无不及，这里有徐志摩笔下的康桥、有阿兰图灵的天才气息、有培根牛顿达尔文霍金等一众如雷贯耳的大师之名坐镇，尽管如此，可我还是喜欢牛津，恐怕要让剑桥人失望了，尽管剑桥的综合排名位列英国大学之首，世界大学之巅。

我们在刺骨的寒风中乘小木船游剑桥，本是件惬意的事，但本来就感冒的我，在冰冷的湖面上任由不间断的寒风往衣服里钻，小船慢慢摇，我也慢慢被寒风所侵蚀，冻得完全不知身在何处，回国后重感冒一场，持续数周不愈，后导致失声，与此不无关系。但是，我仍然庆幸在剑河上泛舟的这一个小时，抛开对身体的摧残不谈，若你知道这条河养育过多少令你崇拜、令你敬仰的名人大师，你一定会觉得不虚此行。你一闭眼，仿佛就能听到拜伦在朗诵《我看见你哭泣》（I saw thee weep）,仿佛就能听见华兹华斯在水仙花边的咏叹，仿佛也能看见达尔文深思的背影，仿佛更能看见弥尔顿双目失明之后在口述《失乐园》的情景……

划船者是剑桥的学生，很能聊，从他口中我们听到了很多的剑桥故事。其中一个是关于王后学院的数学桥的。传说该桥由牛顿所建，整座桥原本没有使用一个螺丝，但是后来一个好奇的学生把桥拆掉研究，却无法按原样装回去，只能用螺丝钉重造了这座桥。经查证这个故事是假的，因为数学桥是在牛顿死后22年才建起来的。真实的情况是，该桥最早用铁钉连接，铁钉不够明显，新造这座桥时用了螺丝。距离“数学桥”不远的是“叹息桥”，之所以取名为“叹息桥”，是因为该桥曾是连接学生宿舍和期末考场的必经之路，每到考试之季，学生往往叹息不止，忐忑不安地经过此桥，走向考场。由此可见，剑桥学生的诙谐和幽默。剑河穿城而过，连接起大部分历史悠久的古老学院，从南到北，依此是王后学院、国王学院、克莱尔学院、三一学院、圣约翰学院、莫德林学院。

徐志摩的《再别康桥》开启了一个时代对于诗歌的崇拜，也开启了无数学子对于剑桥的憧憬。

再见，康桥；再见，剑桥。

教 学

谈谈考研

编者按

我们的一生要去经历很多很多的事情，这些经历会让我们变得成熟，也会让我们变得稚嫩。成熟之后去面对挫折，你就会泰然自若游刃有余；稚嫩的时刻去面对挫折，你就会慌张失措崩溃懊恼。怎样去选择你的生活和人生，只有你自己可以决定，如果你想成为更好的人，过更好的生活，你就必须去努力和奋斗，因为机会只给拼命的人，很多拼命的人奋斗一生，终究未能一鸣，但人近黄昏，内心泰然，永不放弃，美丽迷人，这种例子不胜枚举。在我们做一件事情的过程中，足够专注，足够用心，至于结果，就另当别论了。专注是很难的，对于每个人来说都是如此，时间总是过得很快，而我们只是过了一天又一天。不管你身处何地，在何时何年何月，学习和奋斗都值得你去追逐。常言道，活到老学到老，你不学也会活到老，只是无法体会奋斗一生的满足和喜悦。人的一生应当有两个世界组成，一个是我们的现实世界，一个是我们的精神世界。愿每一位锲而不舍奋斗不止的人都能够去活自己想活的一生。

为什么要考研?

考研不是唯一的出路，却是改变被动局面的最佳途径之一；考名校不是唯一的选择，却是进入世界顶尖企业最便捷的通道之一。到国内、国际一线城市去学习和生活不是必须，却是开启你人生精彩之门的一把重要钥匙。因为平台不同、角度不同、机遇不同，而人生迥异。

莫在年轻时就选择稳定的工作环境和安逸的生活方式，多年之后，拼尽全力跳出去的——要不遍体鳞伤，要不劫后余生。这都是我历经数年的彻悟。

你手握大好青春，不去折腾，怎好意思自诩年轻。避重就轻、求安求稳，大把的美好时光与未来的无限可能，就这样被自己亲手断送。今时，你不过是借考研之名行重塑自我之实。

为什么要考好的大学？

“你改变不了社会，但能改变自己。”这句话道出了所处环境对一个人的影响。怎么判断你所处的环境是否适合你的呢？我的回答是：你是否感到舒适惬意。

一个宿舍的兄弟或姐妹吃住在一起。若大家脾气相投、秉性一致，步调趋同，这样的宿舍关系堪称完美，大家一起积极向上、理想抱负、挑灯夜战、共同学习，或颓废消磨、浑浑噩噩，吃喝玩乐、娱乐逍遥。甭管哪一种，如此和谐，不分彼此，都是十世修来的缘分。

但很多人其实活得很累。你明明心有异向，却不能表现出来，明明不想笑，却附和着笑了。明明想休息，却陪着聊下去。你期望能融入大家，能与他们保持同一步调。你丢了自己，迎合他人，只是为了不成为众人口中的异类。可是，你真的不累吗？

成年后的我现在可以拍着你的肩膀对你说，年轻人，心智尚幼啊。你拿起一本书正欲读时，下铺的兄弟或姐妹说：“整本破书装啥啊，快下来打牌。”你说：“我觉得我现在的生活一团糟，我想改变，我想振作！”旁边的人立马说：“哎，你没发烧吧？别吵吵，我这关马上就过了。”你看某篇文章，听某段演讲，一时感触颇多，蓦地想起自己曾有过的梦想，思忖良久，多么想找个人聊一聊，可是环顾四周，发现自己竟是如此的孤独。“狂欢，是一群人的孤单。”这话说得一点不假。

你若太在乎别人的想法，又会置自己于何地呢？你想，就要去做。

我希望你进名校，不为别的，为了你将把自己置于一个会改变你并影响你一生的重要的环境中去。在那里，你能找到迷失的自己。你会寻到志同道合的良师益友。你会让未来人到中年的自己对曾经年轻时努力奋斗过的自己感激不已，而不是懊悔终身，你会庆幸自己来到了这个学校，幸而碰到这样一群人，从此改变了自己的一生。

那么多的幸运，都源自你的改变与坚持。

你自己决定自己的人生

一个人在这并不长的一生中只要认真过好自己的生活即可，不需要在乎别人的指手画脚。换句话说，就是不必过于在意别人的不好的意见。道理很简单：无论你考研的结果是成功还是失败，都是你自己的事情，没有人为你负责，也没有人会为你扛。人生也是如此，未来你到底过得好不好，都是你自己的事。所以，既然别人丝毫不对你的结果负责，你干吗要呈现给别人你的过程呢?

你有没有发现，大多不平凡的人几乎都是孤独的，或者说孤独的人其精神世界非常丰富。如果你想迎合每一个人，那得多市井多碎嘴的人才办得到啊。你若和山下的人拥有一样局限的视野，又如何能领略山顶的风光?

长大了你就会慢慢发现，纵然你竭尽全力，甚至委屈自己去迎合与讨好别人，别人也不会对你感恩戴德，你永远讨好不了，也满足不了贪婪的人性。相反，若你成功了，你不用附和任何人，你也依然活在人群中心。

处处与人为善，但并不意味着你要时时与人为伴。尤其当你们道不同时，一定要不相为谋。若硬要附和，最终还是不欢而散。懂得适时拒绝，是一种智慧，尤其当你们的视界不一样时。

人活一世有太多不易。考研只是其中一件。切莫太患得患失。既要有必胜的战斗力，又要有输得起的勇气。

为什么我们学习时难以专注？

看书看了一会儿就忍不住拿起手机刷微博、刷朋友圈、逛淘宝，等再回到书上时发现又一天已逝。窗外孩童的嬉闹、宿舍同学的闲散、莫名的情绪失落，那么多不在计划之中又出其不意的临时事由，不经意间把我们的一天又一天的时光慢慢地稀释，最后，未来被兜了个底儿掉。说好的决心呢？说好的奋斗拼搏呢？再宏大的决心也抵不住时针滴滴答答的消磨吗？不，是再宏大的梦想，也是由一分一秒的投入与付出来兑现的。

梦想须清晰，脚步须稳健，学习须专注。学习的时候试着切分时间段，比如45分钟或者1个小时之内不能做任何其他事情，时间到了可以起身活动。这1小时的封闭期间把手机拿开，断网关机都可以，更甚者不妨尝试每天关机。其实，我们远没有自己想象的那么重要，那么日理万机。梦并不在前方，就在脚下。做一件事时就只专注做一件事，不瞻前顾后，不思虑左右，只做这件事，活在当下，佛陀说，这叫“平常心”。

机会只给拼命的人

幼时笃信，人人生而平等，相信人人机会均等。年长才知，有一种情结叫理想主义，吹着昂扬的号角，横亘在沁出书香的课本与漫着硝烟的现实之间。后来，我一直坚定地相信：人的一生当中的重大机会并不是均分在各个阶段的，而是散布在人生那么几个微妙的瞬间，屈指可数，你珍惜或者不珍惜，它都会兀自离去。那个样子，孑然得令人唏嘘不已。我在无数次清晨赶车或赶航班时，看见有人在休息区、在列车上，与周遭刷手机、发自拍、吃零食、闲扯、大笑的旁人不同，一直在一刻不停地看书、学习，甚至忙不迭地工作，都会觉得很美好。

总在这一刻突然懂得为什么机会只给有准备的人，因为僧多粥少，粥只给虔诚的僧吃，宝贵的机会只给拼命的人。其实，机会一直在，只是可眺望却不可及，踮脚够不着，蹦高也摸不到。只有你一路狂奔，玩儿命追赶，而后死死抓住，不懈怠，不撒手，与它对抗到底，它才能束手就擒，为你所有。

浅谈英语口语和听力的提高方法

口语

之所以先谈口语，是因为在英语学习中，听力、口语紧密相连，口语水平的提高会极大地促进大家听力水平的提升，水涨船高，便是此理。

从某种程度上讲，口语的流利与地道是需要语言环境的。也就是说，如果大家有机会在国外的真实的语言环境下潜心学习是最高效的。这一点，国内外的众多英语教授都不可否认，但出国留学并非易事，所以中国的数以千万的英语学习者只能另辟蹊径。

大体可概括为三点：

1．口语的学习目的主要是与他人交流。既是交流，同学们在高校学习学校的既定英语课程外，应多补充交流话题的英语教程供平日练习。因为高校里的教程多是说明性、议论性文章，以训练学生的读写水平、语法翻译为主，学校并非刻意偏废听说教学，然中国人口之众，实在是找不到能与每个人匹配的口语陪练对象或机或人。学生长期不开口，也就习惯了研究英语，而非应用英语。口语学习不像语法翻译，强调系统地学习。口语既然重在交流，我认为，学一句就用一句，积少成多，从开口能说话，慢慢到说更多的话。抑或从《新视野大学英语》中挑出能用于交流的句子和段落，加工重组，背诵熟练，与人交流，多说几次，自然能成为自己的口语素材。

2. 口语培训学校收费较贵，少则几万，多则十几万不等，利润自不必言。设备多为：语音听力室、英语角、电影学习室、电子图书室、英语测试室等。教材也以英美国家当下最流行的各类原版教材为主，配备同步学习，及测试光盘。师资则白人、黑人不等。需要注意的是，少数外教在国内上课时，教态随意、敷衍了事的教学行为与他们在国内所受的极高尊崇与待遇实在无法相提并论，想到在外求学的学生的种种艰辛，两者对比，不免让我感到愤慨。

既然我们缺少口语的学习环境，故大家在应用时，应自己想办法来实践所学。可找本校或他校的“英语角”，与英语水平高于自己的人交流，方可逐步提高。或多与学校的外教交谈，成为好朋友，抑或与外籍导游交流，不求回馈，只为练口语。若外教或外籍导游品行不端，则需速速离去；如果他们品行端正，为人礼貌，则能帮你指出诸多不足，促使你的口语快速进步。请外教单独陪练也可为选择之一。

如此法皆不足取，稍次之但亦极高效之方法是看英美剧集和电影。每天至少看一小时，可选系列剧来看，先“泛看”一集，以观看情节和培养语感为主，亦可模仿其中的语调及简单词汇的语音；过后再重新看一遍，此为“精看”，以模仿发音及学习词汇句型为主，具体做法是：遇见能听懂或能看懂的词汇和句型可暂停，体会这些词汇在该语境下的用法，学习本句句型，之后跟着原音模仿，一遍不行，可来多遍，直至能像模像样地像电影中的人物一样自然地说出这句话。众多口语教师对此方法推崇备至。若按此方法每天练习，坚持半年以上，自可感受到喜人的结果。

3. 在口语的学习中有两大要点不可忽视。一是英语语音的问题。很多人认为我们学习英语的目的并非是成为英语播音员，只要能开口讲话即开，语音问题无关紧要，其实这是一个学习的误区。如果没有扎实的语音基础，那么大家在听力环节会比较吃力，甚至在听外国人讲话时或参加听力考试时出现不知所云的局面。学生的听力不好，除了缺少听力训练之外，很大程度上都是由于欠缺语音基础造成的。因此，扎实语音基础，无论对听力还是口语，甚至是整个英语学习都至关重要。语音教材市面上较为丰富，均是各大外语院校教授所著。大家可以选择以讲解语音及各种音变现象为主的书籍，配着书籍所附的CD模仿学习。当然，同学们也可以通过原声电影及各种国内外标准新闻来进行一句一字地跟读及模仿，不出半年，亦能练就一口较为标准的口音。较好的新闻资源有：VOA、BBC、CRI、CNN等。

二是背诵的问题。除了重视语音外，背诵也非常的重要。很多同学害怕背诵，也觉得这样较为死板。大家只要回想一下，我们现在之所以能熟练地应用中文，除了广泛的阅读外，不就是因为我们在小学、中学、大学时背过太多的当时并不能深刻理解的各类文章吗？英语界有这样的一个说法——不死不活，意思是不去死记就无法活用。世间万事，不皆是如此吗？所以大家在学习教材或电影的过程中，碰到好的句型或段落，要先模仿熟练，而后用心背下来，之后才能熟用这些词句。因此，常常背诵一些英语文章，对于英语学习者而言，尤其是英语口语的提高，真是百利而无一害。

以上三点的学习顺序为：先利用语音教材或是新闻材料强化发音训练，学习三至四个月，之后购买合适的话题交流口语教材，每天模仿。与此同时，坚持每天一小时的原声电影观看，先泛后精。照此法坚持，不出一年，你就能在英语学习中，尤其是口语学习上小有所成。

听力

其实只要坚持做完以上口语的学习步骤，大家就会发现，你的听力也在不知不觉中得到了质的提升。因为听力与口语从来都是密不可分的。口语提高了，听力自然也就上去了。恐怕有很多同学暂时拿不出半年到一年的时间来集中突破口语的学习，其当务之急是应付学校里的各类英语考试，故对听力和口语力不从心。

为了方便大家在短期内想提高听力能力，最直接的方法是找出相应的材料，做各种精听练习。以四六级为例，大家可以找出四六级近十年的真题，先通做一遍，运用各种做题方法，看看效果如何、得分如何。做完之后，再挑出听力的部分，做逐句听写，测试一句话在几遍内能听写完。实在写不出来的单词可参阅答案，但一定要分析为什么听不出来，是语音的问题就模仿原音，是词汇的问题就要攻克词汇。听写时一定要聚精会神。每天听写时都要对比前一天，看同样长度的一句话是否在听写时比昨天听的遍数少了还是更多，坚持下去，直到同样长度的一句话能在听两三遍的情况下把句子写完。一篇文章听写完成之后，再模仿音频，用心将这篇文章朗读至熟练。如此坚持练习，两至三个月，听力水平会有很大的进步。当然，如果能保证时间的投入，大家可以一边做这样的听力训练，一边开始我上面所讲到的口语练习三步法，坚持一年，你的英语学习将迎来全新的面貌。

雅思托福考研攻略

雅思考试（IELTS）

雅思考试的具体介绍可登录官网查询，报名也在官网，每月都有，需要提前抢考位，所以一旦决定要考，请在合适的时间在网上提前报名。该考试的报名费早已升至2000元以上。如果你通过了大学英语四级考试，那么雅思考试的准备时间需要4—6个月，认真备考，有望保6分冲7分。各人基础不同、用功不同，用时亦不同。考听说读写四项，考试总时间3—3.5小时，听力、阅读、写作三项是笔试，口试是由官方的雅思口语考官，采取一对一问答的形式，多英式发音兼带澳音。四项每项为9分，总分也是9分，一般7分算优秀。该考试所需词汇量为6000—8000个单词。关于准备步骤，我的建议是：

(1)先到网上了解关于雅思考试的相关介绍和报名流程，可提前报名，但要预留4—6个月时间备考。

(2)买雅思用书——《剑桥雅思真题精讲》系列，可以全买，也可以从《剑桥雅思真题精讲6》开始买，另买一本雅思词汇。

(3)先背诵雅思词汇，不仅要背，还要练习准确发音，因为听力中的词汇是你听到的，不是看到的。一本词汇书能背完更好，实在背不完，至少得背一半，之后可以考虑报个雅思的培训班，学习一下解题思路。

(4)边上课，边做真题，不求量，但求质，体会做题方法的运用。等课程上完了，就该提高做题的量了，用课堂上老师讲的方法来做阅读、听力、作文和口语。每项每个星期至少做1—2套题。

(5)认真做真题两三遍以上，遇有生词一定不要放过，坚决查出来之后进行精读练习。做了一遍还要做第二遍，甚至第三遍，这时答案可能已记住，可对你来说重点不是答案，而是通过做题熟悉出题人的思路和陷阱的设置，分析一下正确答案为什么正确，错误选项为什么错误，另外熟悉所有常考考点和词句的应用。

(6)消化真题上的所有考点，不留生词，不留盲点。

(7)考前1个月要加大口语的练习，每天练习2小时以上。

(8)留1—2套真题做考前模考和冲刺。

托福考试（TOEFL)

托福考试与雅思考试差别不大，雅思是笔考，口语是一对一地真实口语考官。托福是机考，或叫网考（IBT），所有科目的考试都在计算机上完成，口语也是对着麦克风说，口语录音发回美国，由ETS考官统一评判，考试也分听说读写四项，总分120分，各项30分，100分以上可视为优秀。如果一定要找出托福和雅思的题型或难度差异，我只能说两个考试各项难度有一定差异，托福在听力下足了功夫，听力不好的同学可以避开托福考试，听力的门槛词汇都在8000个单词以上，语速更快，一分钟近300个词，几乎是大学英语四级考试语速的三倍，而且听力多考主旨和主要细节。而雅思的难度则体现在阅读文章的艰深和思维上，听力部分会考各种细节。托福考试的准备时间也是因人而异的，一般情况下，通过了大学英语四六级考试的同学需要积极准备4—7个月，报名费也在2000元以上。

关于准备步骤，我的建议是：

(1)了解关于托福考试的相关介绍和报名流程，如果考位开放了，可提前报名，但请预留充足的备考时间。也可以先复习，复习一半再报名。

(2)购买《托福考试官方指南》最新版和《托福考试考试真题模拟题》。买托福单词书。

(3)找一些托福考试的网站，下载托福TPO，TPO相当于托福历年真题。

(4)背托福词汇，不仅要看，还要读出来。尽量啃完一本词汇，背完一半之后开始做模拟题，先做DELTA，只做听力，因为这本书的价值就是听力。如果你舍不得买这本书，可以直接在网上做真题TPO，从1开始，争取一周1—2套。

(5)报个托福培训班，边上课，边做TPO，用老师讲的方法来做阅读、听力、作文、口语。

(6)认真做TPO，至少两遍以上，遇有生词一定不要放过，坚决拿下。通过做题熟悉出题人的思路和考点，与前面的雅思一样，熟悉所有常考考点和词句的应用，总结错题非常有必要，尤其注意听力，要精听，一句一句地听，全部听懂，切勿泛听。

(7)平时注意听力的练习，光是TPO就够你听的了，如果一定要听别的，那就听一下Discovery和National geographic，同样不能泛泛而听，最好要有重点、带着问题去听。

(8)消化TPO所有的考点，不留生词，不留盲点。如果都做完了，开始做BARRON，网上也有，先模考，再精听听力实在没听懂的地方。听力语速较快，别崩溃，当练习，提高速度。

研究生考试（Unified National Graduate Entrance Examination）

全国硕士研究生统一招生考试，简称“考研”，关于考研的准备，真是得看你想考到什么样的学校，如果你只想考一般的学校，混个学历，那你大三下学期准备也不晚，但你如果是这个心态，我宁愿你不考，因为不值得。浪费一两年的时间、精力、金钱和青春，最后混几年，何必呢？如果你要考就考较好的学校，211或985，你最晚也要在大三上学期开始准备，如果你大二就有强烈的考研意识并着手准备的话，你的成功率会直线上升。如果你现在是大三，有一年时间为准备期，如果你是大二，你准备的时间就是大三同学的两倍。准备步骤不变，时间是宽松，还是紧张，全看你是从大几开始准备，如果你是大一就别跟着瞎掺和了，你的重点是认识世界，好好想想以后究竟干点啥，想成为什么样的人。

关于准备步骤，我的建议是：

(1)你决定了考研，在考研的四门考试科目里，最重要的是专业课和数学。但最先着手准备的应该是英语和数学，一个磨，一个难。上半年专业课可以复习第一轮，下半年的重点是政治，最后2—3个月的重点是你的专业课，要有条不紊，一步步来。

(2)用你上半年的时间来学英语，你的任务就是拿下考研英语大纲规定的5500词汇和考研长难句，买一本考研词汇和长难句解析的书，听课也行。每天边背词汇、边分析拆分长难句，像高中你的英语老师带你分析课文一样，逐字逐句地进行句子的拆分结构和分析成分，搞懂每一个词和词组、句子的意思。词汇至少背到70%以上，长难句要达到看到一个句子就知道哪儿是主句、哪儿是从句、分别是什么类型的从句、各指代谁。大致意思是什么……如果这一步你自己实在拿不下来，就只能选择听课了。

(3)如果你是大三，此时还要做一件事，在完成考研英语基础部分的内容之后，你就要开始考虑专业的选择和学校的选择，并开始动用你所有的人际关系获得你想了解的那个学校和专业的一切资料。

(4)当词汇和长难句拿下之后，去报个考研强化课程，最好有数学和政治。英语和数学最好同步学习，当然前提是师资要好，试听一下，一准能听出好坏，听好了再选择报名，老师怎么建议你就怎么做。你的专业和学校的选择也可以问一下你所报机构老师，老师们再了解也不及已经考上了你理想中的那个学校那个专业的学长和学姐，所以你如果能和他们建立良好的联系，将对考研助力不少。

(5)在培训课程上，老师会分别带你拿下英语阅读、完形、翻译、新题型和写作，所有题型的做题方法和思路技巧都可以从老师那儿获得，一旦你学会了，将大幅提高你做题的速度和准确度。当然，如果词汇没背完，甚至没背、长难句没解决的同学千万别报任何课程，否则只能给培训机构做贡献了。数学也是一样，要踏踏实实地好好学。

(6)英语课程进行的同时，就可以练习真题了，英语历年真题，尤其是从2010年至今的所有真题，务必做到至少两遍以上，把每个考点、选项、考法、陷阱、出题思路、意图都了若指掌、烂熟于胸。

(7)英语真题尽量在9月前完成70%以上，9月后完成另外的30%，与此同时，开始政治的学习与背诵。

(8)留出2套真题，其余真题在10月前全部做完后，迅速开始最后一轮的专业课复习。

(9)考前半个月，每个科目留出1—2套真题，做考前模考，一定要模考。

如何提高英语写作能力

写作，尤其是英语写作，我说的是能力，区别于四六级、考研背的作文模板，与英语口语一样，英语写作能力同样需要日积月累地积淀与持续不断地练习才能有质的飞跃。

我刚毕业的时候，在上海工作，遇到一个翻译界的老前辈，在跟他聊天时向他请教英语翻译与英语写作习得的方法，老先生说的学习方法无非就是我们常听到却不愿脚踏实地去做的积累与练习。老先生推荐了一本书，说是做翻译与写作练习的最佳上手素材。我问哪一本？他说《新概念英语》。我当时不愿相信自己的耳朵。我说，我都快把《新概念英语2》和《新概念英语3》背完了，《新概念英语3》后半部分背的不太熟，感觉背不下去，没啥意思。他摇摇头说，你要是真吃透了它，你是不会来讨问翻译和写作之法的。随后，他告诉我，《新概念英语》之所以称之为经典，除了编排极其周密，而且知识点应有尽有。尤其是《新概念英语3》，每一句话都很经典，关键看你怎么用它。我于是继续请教，他告诉了我一个极其简单的学习方法：仿写。

如何仿写呢？对照课本上的中文译文写出英文，之后再拿自己写的英文和课文原文进行比对，同一句话，两种表达之间的差距，就是提升的空间。你需要学习并模仿原作者的写作思维与写作习惯，久而久之由模仿到创作，写作能力就获得提升。一语点醒梦中人。当然，英语写作的提高，这只是方法之一。其实，最好的提升方式还是坚持阅读和坚持写作。每天读几页英语原著，从简单基础的开始，贵在坚持，几个月之后，就可以在阅读的同时动手写点读后感之类的，慢慢写点英语笔记，慢慢写点文章。熟能生巧，贵在坚持。

总之，坚持阅读和坚持写作才是写作能力提升的终极途径。

下 辑

诗歌

日子

放下

并不是彻底地忘记

而是

多年之后

仍会想起

但什么也不做

只是想起

然后

自顾自地

在回忆里

沉浸良久

而后

淡淡一笑

日子

云淡风轻

流年如故

撕心裂肺地想你一次

隐藏真实的自己

是一件多么难的事

可是

我们都轻易地做到了

我允许自己

偶尔

在阒寂无声的暗夜里

撕心裂肺地想你一次

而后

像个没事人一样

过着一成不变的惯常的日子

活着

若没有那么多的无奈
又怎么能叫它生活
你得硬生生地活着
还得倔强骄傲地笑着
你若赢了
便赢了天下
你若输了
便输了自己

不是所有的爱都会在一起

不是所有的爱都会在一起

有成全，也有放手

也有那生命中不可承负的无可奈何

你会痛，你会绝望，你会歇斯底里

但逆势而为的捆绑

只会带来更多的叹息与懊悔

梦碎与幻灭

那果真是你希冀的吗？

让它过去吧

叶落了

风止了

树也便静了

半夏

你以为
你逃出一座城
就能放下一个人
却不曾想到
过往像藤蔓
在回忆里
狠狠地
缠绕　生根

相遇
如一场骤雨
你在雨里
身后的伞
却刚好出现

别离
似一阵疾风
你在风中

眼前的影
消失得无踪

你以为
相携，便能一生
可是
一生那么长
你们之间
谁有　把握?

你的世界
突然　无色
食无味，饮无温，寝无眠
思念横生
蔓越无边

想念那
初春之烂漫
半夏之浓烈
深秋之迷离
早冬之温润

思绪抛了锚

任拽也不回

你喃喃自语

说好陪伴呢

在回忆里

缱绻反复

在年华中

昂首向前

这幕剧

早已谢幕

再唱下去

便成了独角戏

你看

情，何以逃?

纵赴天涯

不能相忘

一如隐世

何苦执着一寺一庵

心若洞明

身在何处皆是修禅

唯有放下

才能重生

非口头之诺

乃心结顿开

心结

依靠不了酒醉和新欢

除了你自己

其他皆看客

遥望西山

风停雨歇

斜阳犹在

只盼那

镜中的你

秋水望断

如梦方醒

把日子过成诗行

当你觉得生活越来越索然无味时
大抵是因为
你越来越无趣了
可有趣
真不易
得有多辽阔丰富的内心世界
才能撑起
那貌似无色无味的日常起居

把日子过成诗行
我们一直心生向往
却总是望而却步
不肯死心　再三彷徨

竹林间，碧波上
炊烟袅袅，琴瑟声声
一屋览天下
对影偎余生

窗外云卷云舒

盏中茶淡茶浓

一缕青烟

飘断　离愁

光阴

你问我是否心烦意乱
什么也不想干的时候
当然有，而且时常有
一股莫名强大的情绪
像感冒
一不留神就被它钻了空
不闹尽兴
这厮绝不离去
苦了我
只能听之任之
陪它空耗了许多光阴与气力
末了
它全身而退
留下一纸苍白的曾经
狡黠地赠予呆滞的我
站在未来
我向回眺望
对过往的自己

摇头叹息不已

于是后来的我
慢慢学会了与它周旋
尽量不被它裹挟
趁它不备
迅疾抽身而出
与它拱手挥别
百无聊赖心烦气躁之时
可做些什么?
早年的我会与友泡吧嗨歌夜轧马路
血脉偾张青春无悔
现在的我会尽兴地看几场电影
躺着听一下午律动感十足的歌
偶尔在某个黄昏找个地方跑步
有时候我会突然走到窗前
看窗外夕阳残照下的绿枝摇曳
心血来潮
大声朗诵几首宋词
豪放婉约淳雅田园
吟来荡气回肠

读罢神清气爽

内心便又欢愉起来

韶华是美

可也易逝

年轻是资本

如白驹过隙

愿你我

都莫负光阴

恶语

任何时候，莫恶语相向

你的无意识恰如利剑一把，直刺人心

当伤害成了习惯，迷失的远不止自己

温良谦逊这门功课，够我们学一辈子

我们仍然千姿百态地活着

尼采说上帝死了，你我都是凶手
这话本身自带揶揄
而我相信，我们戏剧般地活着
也许他就躲在某个未知的角落
望着我们，狡黠地笑着
我们活得好，他自得其乐
我们活得糟，他自怨自艾
一切都没那么重要
重要的是
我们仍然千姿百态地活着

此刻的你

我说的再多

也抵不过你那一刹那飞蛾扑火的执念

有一天

你被伤得千疮百孔体无完肤

你才会明白

当年的你是多么的愚蠢

而此刻的你

又怎会知道呢?

只要你依然顽固

你此生会遭的罪

一样都不会少呢

握紧拳头

你的命运

其实就掌握在自己的手中

欲望

世界不会停在最好的时刻

让你全遇上

别太贪心了

得一样

失一样

很公平

失一样

无所得

也认了

孰取孰舍

全在你心

做了莫悔

失了莫追

世事皆有因果

一切皆有定数

我理想中的生活

不不不

这其实不是

我想要的生活

被推上风口浪尖

我早过了

斗志昂扬的狂热

自主意识里

此生之憧憬

不过是一个

半吟游诗人

可写可画

知寒知暖

闲云野鹤

四海飘零

饮冬雪

赏夏荷

以物喜

以己悲

追漠河的光

跟米兰的风

泰晤士河畔

哼几首民乐

未曾入睡的夜

满天繁星相伴

一曲童谣

渐入梦境

格局

生活中大多数问题
都是由格局造成的
格局
是你看世界的角度
也是你与之相处的方式
格局的高低源于阅历的深浅
何为阅历
捧阅万卷书
遍历生活味
年华似水流
却干涸不了你的心泉
不是所有人
都能被岁月雕刻成你想要的样子
岁月只管侵蚀容貌
阅历却能助你沉淀
你看他活得那样俗不可耐
他看你过得那样无滋无味
不过是两层内心世界

进行的一场角斗罢了

其实毫无意义

每个人的内心

都揣着一个仅限于自身认知度的狭小空间

却要频频地固执地

透过自己局限的思维

去度量其他人的生活

大多时候的不能理解只是

他人的视界与你不同罢了

你看不到他能看到的世界

人啊　认识你自己

这可真是一句至理

平衡

一向谨慎小心的人或许哪天就放下一切仗剑走天涯

心无所系，四海为家

而一贯浪迹漂泊的人或许哪天就驻足停留于一座城

居安求稳，柴米油盐

人都有两个自己，如太极有阴阳，此消彼长

纪伯伦说，一个人有两个我，一个在黑暗中醒着，一个在光明中睡着

（Man is two men: one is awake in darkness, the other is asleep in light.）

所以不管是哪一派的先贤，都奉平衡为道

若失了平衡

白昼便成了无所依附的混沌黑夜

黑夜倒成了魂牵梦绕的清晰白昼

真正会生活的人

人都希望有两个我

一个在现实里生存打拼

一个在梦想里生活自在

懂生活的人常有严格的自控

工作与生活有着清晰的界定

工作以外　放下电脑　关上手机

避开关系　自躲清静

没了束缚　有了自由

但也有人将其合二为一

却也活出两种极端

有人狼狈　有人从容

狼狈的人生活里都是工作

从容的人工作里都是生活

从容的人啊

是一种怎样熟谙生活

才有初心不改的热情

才能让你的步履轻盈

也许

这才是真正会生活的人

要么把日子过成时代的史诗

要么去成就个人的亘古传奇

时光

吃了两小时的饭
看了一小时的沙
沙漏在手中
来回翻转倒置
满是况味人生

时间宛如沙漏
涓流细长
不屏息凝神让目光停驻
怎知那在分秒中逝去的
珍贵的光阴

一梦醒来
时光如戈壁的风
早已吹得无影踪

你站在蜿蜒的陌上
愣得像走丢了的娃

没等嚎出声儿

已被时光雕出了茧

天使与魔鬼

人为什么会有邪念?
窗外的雨下了两天
北方的雪翩跹纷飞

站在阳台上喝茶，看雾气升腾，想了半晌
难得这样闲
好像有所知亦未知
有些心痛
没有底线
纵容贪欲
想必是人犯错之本
可是真不该

在象牙塔里捧读书卷
满心期盼地憧憬着灿若繁星的未来
你的世界怎会密布乌云?
不是我幼稚，是你不该过早地世俗

每个人心里都住着一个魔鬼和一个天使

有人年岁尚幼，魔鬼已出窍

有人耄耋残年，仍怀揣天使

我喜欢看童话，因为那个世界，天空总是那么的蓝

致凡·高

谁曾料
你这一生的繁华
都落尽
在那画笔与布的耳鬓
厮磨之中

视觉冲击的色调
冰与火的交融
游走的魂灵
心在悸动
燃烧着
幻灭

湛蓝的湖
耳边的风
金黄的麦田
头顶的星空

把生命
当作一团纸
揉碎了

他人不懂
又有何妨
你是文森特
与他人无关

不负当下

哪有那么多美好
不过是你给自己
编织的梦
哪有那么多苦难
不过是过分放大
自己的痛

好好生活
很认真地
吃饭睡觉
工作学习
绝不负了
每一次的
日出与日落

心里若有梦
起身便去追
一念犹豫间

时光并流年

早蹉跎殆尽

悔

并不能道尽

你一生的哀

你欠缺的

正是你此刻所遭受的

你一直活在别人的口中

便永远永远寻不到自己

没有人能救你

自己不爬起来

只剩死路一条

你经历的曾经

不管是晴是雨

都已过去

此后只要你愿意

便可以一直拥有阳光

梦见江南的雨

风停了
你候在窗外
等雨雁
衔泥归来

站在
经年累月的
巷尾
时光
雕琢得
无痕无迹
梦见江南的雨
遍数落红几许

油纸伞下
一语呢喃
今生前世
劫数几度

你哪里懂得

风在说什么

那柳絮

满世界

自飞扬

飘落在

深宅里

院落中

归于尘土

遁隐不见

你在看山

山在等雨

莫不都是风景？

各有沧海

各有离散

这便收起伞

歇了脚

迎头赶路罢

冬末春初

遥敬你

不恼不叨

年华数许

梦想

有多少人的梦想，还没来得及实现，就已耗尽

两鬓斑白不再少年

有多少人的梦想，最终被埋葬、被扼杀、被封存、

被不了了之……

暮年回首，最初的梦想，竟尴尬地忘了怎么哭

对自己的梦想，竟然如此地束手无策

你，还能如何？

把自己的人生，拱手交给他人

让他们指手画脚，让自己画地为牢

不愿走出，不敢走出，不能走出

于是，你与熙熙攘攘的人群一样

保持着最安全的姿态

活成了彼此心照不宣的模样

黑夜

夜间八点半的阳台

隔湖而望，春寒阵阵

漆黑中左右摇曳的射线灯

幻想对岸矗立一座瞭望台

究竟是被黑夜吞噬的大海

还是被大海吞噬的黑夜呢

用力挥挥手

没有船泊岸

这里不是哈瓦那

没有桑巴与美酒

没有渔夫与船桅

没有空气中甜滋滋的血雨腥风

没有海岸边眼巴巴的久盼不归

想一声呼喊

划破长空

随即　转身进门

踱步　伏案而坐

不过是

波澜不惊之下的暗潮汹涌

有城堡之念

迅即深藏起

交与岁月

填以词

赋以曲

冠以名

安以份

往生缱绻

不足为道

梦

人都会做梦

深浅睡眠交替

充斥着各种虚无缥缈匪夷所思的梦

梦里，藏着你最深的恐惧

最浅表的欲望

最致命的弱点

最错综的心结

最亡命的天涯

最孤胆的坚毅

有些梦

弗洛伊德解不了

你自己才可以

告白

乐器属于年代

手风琴属于70年代，在广袤的大漠，有胡杨林、有蒲公英、有风、有扎辫子的姑娘

口琴属于80年代，在废弃的工厂，爬上楼顶，坐在夕阳里，落日余晖铺满肩头长发

吉他属于90年代，校门口的巷弄，操场的对角，夜晚的阳台，两个身影，一段往事

钢琴属于00年代，一琴二人，人潮涌动的慢镜头，推向闹市里四指连弹的欢欣雀跃

小提琴属于晨曦微露的早间

大提琴属于雨声淅沥的午后

竖琴属于昏暗将息的傍晚

古筝属于宁静澄明的深夜

横笛属于悠远旷古的诉说

二胡属于不眠不休的绝响

而你，属于我

顺颂冬安

不必一曲空城
只需静默等着
等这一切最终
烟消云散了
一个过来人
愿用第一视角
跟你讲述
那令人感动的
故事和主角

就等着吧
终有一天
风和日丽
万里无云
我来和你
慢慢絮叨
那些真实存在过的
虚妄与美好

阴云会散去

红日会再现

你我加油

顺颂冬安

愿所有的付出都被善待如斯

在老街道，从日落走到天黑

在老城里，从东头绕到西边

在正午骄阳，在教堂，听神父讲耶稣复活的故事

在傍晚时分，在露台，摆酒置菜感受古镇的静夜

我放空，是为了再战

你拼搏，是为了不悔

慢些走

扯一片云朵
来烹茶
温一壶月色
忙下酒
揽一缕晚风
急入怀
吟一曲小调
去绕梁

诗酒风雨竹
书画山雪海
佯装也好
故作也罢
偏偏
不紧不慢地
煞有介事地
与年月对弈
从不争输赢

我等你

我喜欢过着惯常的日子，在料峭春寒的泼墨心境下

春季不乏盛景，四时不乏期盼

站在冬日的屋檐下，踮起脚尖

眺望春的浅吟、夏的低唱、秋的物语、冬的呢喃

我抱起吉他，在树下等你

叶影婆娑，炊烟萦绕，秋黄之美，独黄昏知晓

你且慢，我且行

你等时，我等你

慢慢成长

年轻时的骄傲与倔强
是你免受伤害的盔甲
可是
它防住了伤害
也挡住了温情
要过多少年
我们才明白
妥协与包容
是肝胆相照的生死相随
是落尽繁华的天涯咫尺
是情到深处的互诉衷肠
不急呢
我们还要成长好多年

一直走，别回头

我们以为山高水长
其实远方就在脚下
我们以为来日方长
其实韶华正在飞逝
我们以为奔向终点
会有不一样的风景
其实我们一直都在
最曼妙的景致之中

我们习惯索取
我们习惯哀号
我们习惯贪婪
我们习惯言不由衷

可是我们不习惯
改变与背叛
世界变得模棱两可
生活早已背离初心

于是我们借由对抗的名义

向世界宣泄不满

我们以为我们赢了

却不知道我们惨败了

于是我们蝇营狗苟

于是我们浑浑噩噩

于是我们充耳不闻

于是我们装疯卖傻

我们不晓得如何跳出

局外人在一旁干着急

喂

顺着一条对的路

一直走

别停下

别回头

我在这里，你在哪里

天空

乌云密布

雨

候着

准备卷土重来

落地窗前的沙发

调一杯咖啡

听几曲爵士

窗外的远山如眉黛

氤氲缭绕宛若世外

喜欢这暗郁的天

云端堆积成山峦

像一幅泼墨山水

似一处太虚幻境

海棠花落了一地

思与念拂了满怀

我在这里

你在哪里

理想国

梧桐知秋，落叶飘零
遥望尽头蜿蜒的云
一朵朵，团簇在
如洗碧空下
如人独行，如影随形
一场雨
带来秋的凉意
时节更迭得棱角分明
再到三晋之南的这座小城
又是多年之后
时间像兜了个圈
也任性，也无情

大多数人的一生
没有东坡的豪放
没有柳七的婉约
净是若即若离地
悲与欢

离与别

得与失

梦与酒

交织成

柏拉图的理想国

绿皮火车

多年不坐绿皮火车
阳光满满铺在身上
像裹了棉被，窝在炕上
眯着眼，仿佛回望昨天久远的时光
那些唱得我撕心裂肺的老歌
请你轻轻唱，慢慢唱
那些过往
你是否还记得
那桀骜不驯的少年
身后呼啸而过的光
亦不知去向了何方
沏一杯茶
饮了这风花雪月的曼妙与殇

不是所有的付出都有回报

不是所有的付出都有回报
不是所有的深情都有人懂
不是所有的等待都有结果
不是所有的执着都有人欣赏

你用力呼喊，若山谷始终没有回响
你就应该转身离去
如同向海中投入一个小小的石子
只见它闷声坠入，激不起半点波澜
这是自然
因为石子的力量太弱小了，你又何苦为难大海

这不是落花有意，流水无情
也不是弱水三千，只取一瓢
这是君卿两重天的鞭长莫及
无须壮士断腕之痛
你只缄默、隐忍、离去
从此风平浪静

这种毅然决然，是你的优雅

也是你对这个世界的尊重

有棱角的冷面男子

迷上一首曲

大抵是迷上一层境

吉卜赛的质感

高仓健一般

有棱角的冷面男子

高头骏马的背上

驮着真由美的女子

裙褶飞扬

如风似幻

一望无际的戈壁

朝着嗜血的残阳

奔腾不回头

口哨带出了佐罗的桀骜

和凛冽无涯的西部风情

如此，逃一世又如何？

思念

有一种思念，叫故乡

有一种憧憬，叫远方

有一种缱绻，叫民谣

有一种你，叫从未走远

校园

走在深夜十点

阒寂无人的校园

依稀见夜跑者擦肩

偶尔有几辆车驶过

夏末的风很凉爽

在耳边恣意呼啸

听着那句I run run run

仿佛听见她心碎的声音

这样的乡村民谣

混合爵士的味道

把岁月

唱到了酒里

听歌的人

一饮而尽

恨不能

一醉方休

听歌

连轴转的忙碌之后
一首歌带来的欢愉
如苏格兰牧场
清晨第一缕
透过指尖的阳光
如荷兰的风车旁
汩汩而出的清澈的水花
如穿过泰晤士河对岸
和曦的微风
最终停驻在哈瓦那
看热烈的桑巴
品灼人的美酒
一切
不言而喻

珍重

你来

我迎

愿与你围炉

愿倾囊相授

你走

不留

给你

最大的尊重

与敬意

前路漫漫

仗剑孤胆

一捧黄沙

一壶浊酒

为你饯行

愿君前路无所惧

永有波澜壮阔时

白酒

粮食的精

文化的根

书画的境

京剧的魂

酒曲的味蕾

江南缥缈的烟雨

青瓦白墙的老舍

写意山水的构图

一杯酒

涤荡了满怀风情

念春秋·南北旧事

夜无缺，
花间泪，
秋意正浓，
拂上枝头。

戎马锦，
金戈骑，
黄沙万里刀剑影。

流年似水，
转不回万般豪情；
拱手举杯，
醉不及一怀离愁。

纵琴瑟和鸣尽舞笙歌，
然踏雪归来遍捡寒枝。

酒未温好，

未及一言，

策马扬鞭去，

暮色西落时。

回首，

絮飞蝶迷，

惹乱满园春。

后记

十多岁时，我的理想是成为一名画家。少时学国画，酷暑严寒定不下心，老师终于不再苦劝。

中学时语文老师捧着书本摇头晃脑为我们读课文时，窗外的榆钱树刚好发芽了，春的气息拂过我的脸颊，我闭上眼，满心满怀地想成为一个诗人，于是每日上课偷看闲书，叛逆倔强得真像活在自己世界里的诗人似的，疯得逼真。

后来，大学选专业选了英语，毕业后自然而然当了英语老师，每日备课，严谨治学，生活也逐渐一丝不苟。这一来倒与之前的自己划得泾渭分明。

少时还写日记，叛逆的那几年，发现日记老被偷看，净给我惹是非，遂放弃。从教15年，工作生活的闲散时间零零散散写过几笔，分别存在几个已被我弃用多年厚比砖块儿的笔记本电脑里。

这一二年记录过的一些零散的文字大多发在微博公众号朋友圈里。在一个阳光明媚的晌午，编辑突然问我是否有意将这一二年的闲散文字挑一些出来编成小册子。我当然向往之，这不是我儿时的梦吗？我着手收集，遂有了这个小本本。

但我收集的文章大半都和我的教学密不可分，比如我常常和考研学生唠的嗑儿——催他们奋进的话。我大概收集了上百篇，逐篇做了修订，后来发现仅被保留了5篇，我终于知道为什么我的这个小本本被取名叫《不是所有的爱都会在一起》了。

可能我的文字读起来有情感专栏作者的气质。

其实，我这样一个外表严肃认真的人，骨子里，满是夏雨冬雪的窃窃私语。

以前小时候住四合院的时候，我会经常爬上青瓦屋顶去眺望远方，看头顶鸽群盘旋，闻十里酒香扑鼻。现在住在高楼大厦，却终日宅在一隅之内，方寸之间，没了眺望的心性，哪怕极目，除了高楼还是高楼，远方成了诗里的遥想。

所以文字成了我独处时最长情的陪伴。我以前喜欢用钢笔蘸着墨水在信笺上写得沙沙作响，现在动笔的机会少了，在电脑键盘上敲打文字，对于我这样怀旧的人还是少了一些味道。于是，我买了一个老牌西洋打字机，还买了一个手磨咖啡机，我喜欢在沁满咖啡醇香的有阳光的早晨，坐在书桌前，手敲几行华兹华斯的诗句，像是写一封英文书信：Dear William……我的英伦腔与咖啡香，弥漫了整个房间。

哎，我就是这样的人啊，不加掩饰的向你吐露着芳华的味道。

文字，是这样曼妙。

你我，就这样相遇。

我小时候觉得语文最重要，诗人浪漫，作家深刻，觉得能用清晰有力量又唯美的文字书写心思，简直是一种才华。等长大了才发现，原来真正深沉的是数理化。文科好的人顶多令人崇拜，可理科好的人可以令神妒忌。

越长大越孤单，越成熟越无知，越深入越无界。原来宇宙是这样无边无际，原来人生是这样无休无止，原来你我是这样无着无落。像一片脉络清晰的红枫叶，飘在空中。

我们每个人都觉得自己是与众不同、特立独行、桀骜不驯的人。其实啊，从上帝的视角来看，底下的众生都是一样的。年龄越小、阅历越浅的人越觉得自己是real somebody，年龄渐增、饱经世事的人越觉得自己是just nobody。所以还未涉世的年轻人都嚷嚷着要出世要归隐，而划拉了大半生的人都在拼尽全力待在红尘，近距离感受这里丝丝入扣的人间烟火气。

这里有最美的风景，众人却无法轻易看到，偏让你用逝去的半生年华来换取欣赏它的心境。

成长为人的过程，实在是很有意思的一件事情。

这本小册子，恰是我近几年成长的剪影。这本书的编排，分为上下两辑。上辑主要是散文、随笔和几篇被保留下来的与我的职业相关的文章。下辑都是我闲散之余随手写就的小诗，当初写这些文字的时候，从来没有想过有一天会将它们印刷出来面对更多的人。这下倒好，它们得见天日了。

如果说对这本小册子有什么期待，我的全部想法只是：希望它可以是你下班回家一身疲惫地冲完澡而后偎在橘灯下靠在沙发上拿起它内心泛起的一丝温暖；希望它可以是你踽踽前行的奋斗路上感到迷茫失落无助的时候坐在书桌前打开它眼里重新燃起的一份坚定。希望它可以是你在这熙熙攘攘的大千世界里无数个夜晚一个人独处时能呵护你的最不离不弃的陪伴。

这是，我全部的心思。

我在这里，许好了愿。

我们每一天都盼着日出、又盼着日落，盼着明天、又盼着未来，盼着此生、又盼着来世，其实啊，等你我急匆匆一路冲到尽头，等你我容颜老矣年华尽去，也许你我才悔悟：原来路上最美好，原来今天最美好，原来此刻最美好。

那就让我们享受此刻，享受此生（Enjoy our life, enjoy the moment.）。

我会一直陪你，终老。

2020年8月17日

慢慢来

不是所有的爱都会在一起

Love Without Hesitation

策　　划　刘莉莉

编　　辑　白江峰

装帧设计　广岛

内文设计　路星

发行统筹　钟鑫

投稿邮箱　xinde01@yeah.net

图书在版编目（CIP）数据

不是所有的爱都会在一起 / 宋逸轩编著 . -- 南昌 : 江西美术出版社 , 2021.6

ISBN 978-7-5480-8387-0

Ⅰ . ①不… Ⅱ . ①宋… Ⅲ . ①诗集－中国－当代②散文集－中国－当代 Ⅳ . ① I227 ② I267

中国版本图书馆 CIP 数据核字 (2021) 第 108990 号

出 品 人：周建森
责任编辑：吴文龙　廖　静
策　　划：刘莉莉
特约编辑：白江峰
责任印制：汪剑菁
项目统筹：钟　鑫
封面设计：广　岛
版式设计：路　星

BUSHI SUOYOUDE AI DOUHUI ZAIYIQI
不是所有的爱都会在一起

著　　者：宋逸轩
出　　版：江西美术出版社
地　　址：南昌市子安路 66 号江美大厦
网　　址：jxfinearts.com
电子邮箱：jxms163@163.com
电　　话：0791-86565819
邮　　编：330025
印　　刷：河北华商印刷有限公司
版　　次：2021 年 6 月第 1 版
印　　次：2021 年 6 月第 1 次印刷
开　　本：1230 毫米 × 880 毫米　1/32　　印　　张：7.25
书　　号：ISBN 978-7-5480-8387-0
定　　价：49.00 元
